Paul Watzlawick
Anleitung zum Unglücklichsein

D1332151

SERIE

PIPER

Zu diesem Buch

Paul Watzlawicks »Anleitung zum Unglücklichsein« ist zum Kultbuch geworden. Es hält sich seit seinem Erscheinen im Jahr 1983 in den Bestsellerlisten und hat einen Auflage von über 1 Million Exemplaren erreicht. Die Geschichten, mit denen der Autor seine Leser zum Unglücklichsein anleitet – etwa die mit dem Hammer oder die mit den verscheuchten Elefanten –, sind inzwischen Allgemeingut. »Ich habe das Buch in wenigen Stunden gelesen und gleich an die nächsten Freunde weitergegeben. Schon der Grundgedanke ist faszinierend. Nicht – wie so viele Autoren, die in den letzten Jahren den Markt mit Glücksanleitungen überschwemmt haben – wohlfeile Gebrauchsanweisungen zu liefern, sondern uns den Spiegel vorzuhalten und zu zeigen, was wir alltäglich alles selbst gegen unser mögliches Glück tun.« (Walter Kindermann)

Paul Watzlawick, geboren 1921 in Villach/Kärnten, studierte Philosophie und Sprachen. Ausbildung in Psychotherapie am C. G. Jung-Institut in Zürich. 1957 bis 1960 Professor für Psychotherapie in El Salvador; seit 1960 Forschungsbeauftragter am Mental Research Institute in Palo Alto/Kalifornien. Außerdem lehrte er an der Abteilung für Psychiatrie der Stanford University. Zahlreiche Veröffentlichungen.

Paul Watzlawick
Anleitung
zum Unglücklichsein

Piper München Zürich

Von Paul Watzlawick liegen in der Serie Piper außerdem vor:
Wie wirklich ist die Wirklichkeit? (174)
Die erfundene Wirklichkeit (Hrsg., 373)
Die Unsicherheit unserer Wirklichkeit (mit Franz Kreuzer, 742)
Interaktion (Hrsg. mit John H. Weakland, 1222)
Vom Schlechten des Guten (1304)
Vom Unsinn des Sinns oder vom Sinn des Unsinns (1824)

Ungekürzte Taschenbuchausgabe
1. Auflage Mai 1988
20. Auflage März 2000
© 1983 Paul Watzlawick
© der deutschsprachigen Ausgabe:
1983 Piper Verlag GmbH, München
Umschlag: Büro Hamburg
Umschlagabbildung: Albert Rocarols
Foto Umschlagrückseite: Peter Peitsch, Hamburg
Satz: Welsermühl, Wels
Druck und Bindung: Clausen & Bosse, Leck
Printed in Germany   ISBN 3-492-22100-9

Inhalt

Vorbemerkung
des Verlages

Man kann Paul Watzlawicks neues Buch mit einem lachenden und einem weinenden Auge lesen. Jeder Leser dürfte etwas von sich selbst in diesem Buch wiederfinden – nämlich seine eigene Art und Weise, den Alltag unerträglich und das Triviale enorm zu machen.

Darüber hinaus ist dieses Buch – obwohl der Autor dies nirgends zugibt – eine einzige, große »Symptomverschreibung«, eine therapeutische

Doppelbindung ganz im Stile der sogenannten Palo-Alto-Gruppe*. Und deshalb wird der Psychotherapeut oder Berater zwischen den Zeilen dieser maliziösen Seiten so manches herauslesen können, das unmittelbare Bedeutung für den therapeutischen Dialog hat: Metaphern, Vignetten, Witze, hintergründige Geschichten und gewisse andere »rechtshemisphärische« Sprachformen, die ungleich wirkungsvoller sind als tierisch ernste Deutungen menschlicher Fehlhaltungen.

* Paul Watzlawick ist seit 1960 Forschungsbeauftragter am Mental Research Institute in Palo Alto/Kalifornien.

Einleitung

»Was kann man nun von einem Menschen…
erwarten? Überschütten Sie ihn mit allen Er-
dengütern, versenken Sie ihn in Glück bis über
die Ohren, bis über den Kopf, so daß an die
Oberfläche des Glücks wie zum Wasserspiegel
nur noch Bläschen aufsteigen, geben Sie ihm
ein pekuniäres Auskommen, daß ihm nichts
anderes zu tun übrigbleibt, als zu schlafen, Lebkuchen zu vertilgen und für den Fortbestand

der Menschheit zu sorgen – so wird er doch, dieser selbe Mensch, Ihnen auf der Stelle aus purer Undankbarkeit, einzig aus Schmähsucht einen Streich spielen. Er wird sogar die Lebkuchen aufs Spiel setzen und sich vielleicht den verderblichsten Unsinn wünschen, den allerunökonomischsten Blödsinn, einzig um in diese ganze positive Vernünftigkeit sein eigenes unheilbringendes phantastisches Element beizumischen. Gerade seine phantastischen Einfälle, seine banale Dummheit wird er behalten wollen...«

Diese Worte stammen aus der Feder des Mannes, den Friedrich Nietzsche für den größten Psychologen aller Zeiten hielt: Fedor Michailowitsch Dostojewski. Und doch drücken sie, wenn auch in beredterer Sprache, nur das aus, was die Volksweisheit seit eh und je weiß: Nichts ist schwerer zu ertragen als eine Reihe von guten Tagen.

Es ist höchste Zeit, mit dem jahrtausendealten Ammenmärchen aufzuräumen, wonach Glück, Glücklichkeit und Glücklichsein erstrebenswerte Lebensziele sind. Zu lange hat man uns eingeredet – und haben wir treuherzig geglaubt –, daß die Suche nach dem Glück uns schließlich das Glück bescheren wird.

Dabei ist der Begriff des Glücks nicht einmal definierbar. So wurden zum Beispiel die Hörer der 7. Folge des Abendstudios des Hessischen Rundfunks im September 1972 Zeugen der zweifellos befremdenden Diskussion zum Thema »Was ist Glück?« [11]*, in deren Verlauf es vier Vertretern verschiedener Weltanschauungen und Disziplinen nicht gelang, sich auf die Bedeutung dieses scheinbar so selbstverständlichen Begriffs zu einigen – und das trotz der Bemühungen des eminent vernünftigen (und geduldigen) Gesprächsleiters.

Das sollte uns eigentlich nicht überraschen. »Worin das Glück besteht, darüber waren die Meinungen immer geteilt«, lesen wir in einem Essay des Philosophen Robert Spaemann über das glückliche Leben [22]: »289 Ansichten zählte Terentius Varro und ihm folgend Augustinus. Alle Menschen wollen glücklich sein, sagt Aristoteles.« Und Spaemann erwähnt dann die Weisheit eines jüdischen Witzes vom Sohn, der dem Vater eröffnet, er wolle Fräulein Katz heiraten. »Der Vater widerspricht. Fräulein Katz bringe nichts mit. Der Sohn erwidert, er könne nur mit Fräulein

* In eckige Klammern gesetzte Ziffern verweisen auf das Literaturverzeichnis am Ende des Buches.

Katz glücklich sein. Darauf der Vater: ›Glücklich sein, und was hast du schon davon?‹«

Die Weltliteratur allein schon hätte uns längst mißtrauisch machen sollen. Unglück, Tragödie, Katastrophe, Verbrechen, Sünde, Wahn, Gefahr – das ist der Stoff, aus dem die großen Schöpfungen bestehen. Dantes *Inferno* ist ungleich genialer als sein *Paradiso;* dasselbe gilt für Miltons *Paradise Lost,* demgegenüber *Paradise Regained* ausgesprochen fade ist; *Jedermanns* Sturz reißt mit, die ihn schließlich rettenden Engelchen wirken peinlich; *Faust I* rührt zu Tränen, *Faust II* zum Gähnen.

Machen wir uns nichts vor: Was oder wo wären wir ohne unsere Unglücklichkeit? Wir haben sie *bitter* nötig; im wahrsten Sinne dieses Wortes.

Unseren warmblütigen Vettern im Tierreich geht es nicht besser: Man besehe sich nur die monströsen Wirkungen des Zoo-Lebens, das jene herrlichen Kreaturen vor Hunger, Gefahr und Krankheit (einschließlich Zahnfäule) schützt und damit zu den Entsprechungen menschlicher Neurotiker und Psychotiker macht.

Unserer Welt, die in einer Flutwelle von Anweisungen zum Glücklichsein zu ertrinken droht, darf ein Rettungsring nicht länger vorenthalten werden. Nicht länger darf das Verstehen dieser Mechanismen und Prozesse die eifersüchtig gehütete Domäne der Psychiatrie und der Psychologie bleiben.

Die Zahl derer, die sich ihr eigenes Unglück nach bestem Wissen und Gewissen selbst zurechtzimmern, mag verhältnismäßig groß scheinen. Unendlich größer aber ist die Zahl derer, die auch auf diesem Gebiet auf Rat und Hilfe angewiesen sind. Ihnen sind die folgenden Seiten als Einführung und Leitfaden gewidmet.

Diesem altruistischen Vorhaben kommt aber auch staatspolitische Bedeutung zu. Wie die Zoodirektoren im kleinen, so haben es sich die Sozialstaaten im großen Maßstabe zur Aufgabe gemacht, das Leben des Staatsbürgers von der Wiege bis zur Bahre sicher und glücktriefend zu gestalten. Dies ist aber nur dadurch möglich, daß der Staatsbürger systematisch zur gesellschaftlichen Inkompetenz erzogen wird. In der gesamten westlichen Welt steigen daher die Staatsausgaben für das Gesundheits- und Sozialwesen von Jahr zu Jahr immer steiler an. Wie Thayer [23] zeigte, schnellten diese Ausgaben in den USA zwischen 1968 und 1970 um 34% von 11 auf 14 Milliarden Dollar. Neueren bundesdeutschen Statistiken ist zu entnehmen, daß die *täglichen* Staatsausgaben für das Gesundheitswesen allein 450 Millionen DM betragen und sich damit seit 1950 verdreißigfacht haben. Es gibt in der Bundesrepublik zehn Millionen Kranke, und der westdeutsche Normalverbraucher nimmt im Laufe seines Lebens 36000 Tabletten ein.

Man stelle sich nun vor, wie es um uns stünde, wenn dieser Aufwärtstrend zum Stocken käme oder gar rückläufig würde. Riesige Ministerien und andere Monsterorganisationen brächen zusammen, ganze Industriezweige gingen bankrott, und Millionen von Menschen wären arbeitslos.

Zur Vermeidung dieser Katastrophe will das vorliegende Buch einen kleinen, verantwortungsbewußten Beitrag leisten. Der Sozialstaat braucht die stetig *zunehmende* Hilflosigkeit und Unglücklichkeit seiner Bevölkerung so dringend, daß diese Aufgabe nicht den wohlgemeinten, aber dilettantischen Versuchen des einzelnen Staatsbürgers überlassen bleiben kann. Wie in allen anderen Sparten des modernen Lebens ist auch hier staatliche Lenkung vonnöten. Unglücklich *sein* kann jeder; sich unglücklich *machen* aber will gelernt sein, dazu reicht etwas Erfahrung mit ein paar persönlichen Malheurs nicht aus.

Doch selbst in der einschlägigen, das heißt hauptsächlich psychiatrischen und psychologischen Literatur sind dementsprechende Hinweise und brauchbare Informationen sehr dünn gesät und meist ganz unbeabsichtigt. Soweit mir bekannt ist, haben sich nur wenige meiner Kollegen an dieses heiße Eisen herangewagt. Rühmliche Ausnahmen sind die Frankokanadier Rodolphe und Luc Morisette mit ihrem *Petit manuel de guérilla matrimoniale* [12]; Guglielmo Gulottas *Commedie e drammi nel matrimonio* [7]; Ronald Laings *Knoten* [9], und Mara Selvinis *Der entzauberte Magier* [20], in dem die berühmte Psychiaterin nachweist, wie das Groß-System Schule das Scheitern des Schulpsychologen *braucht,* um sich nicht ändern zu müssen und weiterhin mehr desselben tun zu können. Ganz besondere Erwähnung verdienen ferner die Bücher meines Freundes Dan Greenburg, *How to be a Jewish Mother* [5]* und *How to Make Yourself Miserable* [6], jenes bedeutenden Werkes, das von den Kritikern als die freimütige Untersuchung gefeiert wurde, »die es hunderttausend Menschen ermöglicht hat, ein wahrhaft leeres Leben zu leben«. Und *last*

---

* Zur Vermeidung von Mißverständnissen sei hier des Autors einleitende Feststellung zitiert, wonach »eine jüdische Mutter weder jüdisch noch Mutter zu sein braucht. Auch eine irische Kellnerin oder ein italienischer Friseur kann eine jüdische Mutter sein.«

but not least sind hier die drei bedeutendsten Vertreter der britischen Schule zu erwähnen: Stephen Potter mit seinen »Upmanship«-Studien [17]; Lawrence Peter, der Entdecker des »Peter-Prinzips« [16]; und schließlich der weltberühmte Autor des nach ihm benannten Gesetzes: J. Northcote Parkinson [14, 15].

Was das vorliegende Buch zusätzlich zu diesen ausgezeichneten Studien bieten möchte, ist eine methodische, grundlegende und auf Jahrzehnten klinischer Erfahrung beruhende Einführung in die brauchbarsten und verläßlichsten Mechanismen der Unglücklichkeit. Trotzdem aber dürfen meine Ausführungen nicht als erschöpfende und vollständige Aufzählung betrachtet werden, sondern nur als Leitfaden oder Wegweiser, der es den begabteren unter meinen Lesern ermöglichen wird, ihren eigenen Stil zu entwickeln.

Vor allem eins:
Dir selbst sei treu…

Dieses goldene Wort stammt von Polonius, dem Kämmerer in *Hamlet*. Für unser Anliegen ist es wertvoll, da Polonius, indem er sich selbst treu ist, es schließlich fertigbringt, von Hamlet »wie eine Ratte« in seinem Versteck hinter einem Wandschirm erstochen zu werden. Offensichtlich gab es das goldene Wort vom Lauscher an der Wand im Staate Dänemark noch nicht.

Man könnte vielleicht einwenden, daß damit

des sich Unglücklichmachens zuviel getan war, doch müssen wir Shakespeare etwas poetische Freiheit zubilligen. Das Prinzip wird dadurch nicht geschmälert:

Daß man mit der Umwelt und besonders seinen Mitmenschen im Konflikt leben kann, dürfte wohl niemand bezweifeln. Daß man Unglücklichkeit aber ganz im stillen Kämmerchen des eigenen Kopfes erzeugen kann, ist zwar auch allgemein bekannt, aber viel schwerer zu begreifen und daher zu perfektionieren. Man mag seinem Partner Lieblosigkeit vorwerfen, dem Chef schlechte Absichten unterstellen und das Wetter für Schnupfen verantwortlich machen – wie aber bringen wir es alltäglich fertig, uns zu unseren eigenen Gegenspielern zu machen?

An den Zugängen zum Unglück stehen goldene Worte als Wegweiser. Und aufgestellt werden sie vom gesunden Menschenverstand, ganz zu schweigen vom gesunden Volksempfinden oder gleich gar vom Instinkt für das sich in der Tiefe vollziehende Geschehen. Doch letzten Endes ist es ganz nebensächlich, welchen Namen man dieser wunderbaren Fähigkeit gibt. Grundsätzlich handelt es sich um die Überzeugung, daß es nur eine richtige Auffassung gibt: die eigene. Und ist man einmal an dieser Überzeugung angelangt, dann muß man sehr bald feststellen, daß die Welt im argen liegt. Hier nun scheiden sich die Könner von den Dilettanten. Letztere bringen es fertig, gelegentlich die Achseln zu zucken und sich zu arrangieren. Wer sich selbst und seinen goldenen Worten dagegen treu bleibt, ist zu keinem faulen Kompromiß bereit. Vor die Wahl zwischen Sein und Sollen gestellt, von deren Bedeutung bereits die Upanischaden sprechen, entscheidet er sich unbedingt dafür, wie die Welt sein *soll,* und verwirft, wie sie *ist.* Als Kapitän seines Lebensschiffes, das die Ratten bereits verlassen haben, steuert er unbeirrt in die stürmische Nacht hinein. Eigentlich schade, daß in seinem Repertoire ein goldenes Wort der alten Römer zu fehlen scheint: *Ducunt fata volentem, nolentem trahunt* – den Willigen führt das Schicksal, den Unwilligen zerrt es dahin.

Denn unwillig ist er, und zwar in einer ganz besonderen Weise. In ihm wird Unwilligkeit nämlich letzten Endes zum Selbstzweck. Im Bestreben, sich selbst treu zu sein, wird er zum Geist, der stets verneint; denn nicht zu verneinen, wäre bereits Verrat an sich selbst. Der bloße Umstand, daß die Mitmenschen ihm etwas nahelegen, wird somit zum Anlaß, es zu verwerfen, und zwar selbst dann, wenn es – objektiv gesehen – im eigenen Interesse läge, es zu tun. (Reife, so lautet bekanntlich der ausgezeichnete Aphorismus, ist die Fähigkeit, das Rechte auch dann zu tun, wenn es die Eltern empfohlen haben.)

Doch das wahre Naturgenie geht noch einen Schritt weiter und verwirft in heroischer Konsequenz auch das, was *ihm selbst* als die beste Entscheidung erscheint – also seine eigenen Empfehlungen an sich selbst. Damit beißt sich die Schlange nicht nur in den eigenen Schwanz, sondern frißt sich selbst. Und damit ist ferner ein Zustand der Unglücklichkeit geschaffen, der seinesgleichen sucht.

Meinen minderbegabten Lesern kann ich diesen Zustand freilich nur als sublimes, aber für sie unerreichbares Ideal hinstellen.

Vier Spiele
mit der Vergangenheit

Die Zeit heilt angeblich Wunden und Schmerzen. Das mag zutreffen, braucht uns aber nicht abzuschrecken. Es ist nämlich durchaus möglich, sich gegen diesen Einfluß der Zeit abzuschirmen und die Vergangenheit zu einer Quelle von Unglücklichkeit zu machen. Dazu stehen uns mindestens vier seit Urzeiten bekannte Mechanismen zur Verfügung.

1. Die Verherrlichung der Vergangenheit:
Mit etwas Geschick kann es auch der Anfänger
fertigbringen, seine Vergangenheit durch einen
Filter zu sehen, der nur das Gute und Schöne in
möglichst verklärtem Licht durchläßt. Nur wem
dieser Trick nicht gelingt, wird die Zeit seiner Pu-
bertät (ganz zu schweigen von seiner Kindheit)
mit handfestem Realismus als Periode der Unsicherheit, des Weltschmerzes und der Zukunfts-
angst erinnern, und auch nicht einem einzigen
Tag dieser langen Jahre nachtrauern. Dem begabteren Unglücksaspiranten dagegen sollte es wirklich nicht schwerfallen, seine Jugend als das unwie-
derbringlich verlorene Goldene Zeitalter zu sehen
und sich so ein unerschöpfliches Trauerreservoir
zu erschließen.

Die goldene Jugendzeit ist freilich nur *ein* Beispiel. Ein anderes wäre die tiefe Trauer über den
Zusammenbruch einer Liebesbeziehung. Widerstehen Sie den Zuflüsterungen Ihrer Vernunft,
Ihres Gedächtnisses und Ihrer wohlmeinenden
Freunde, die Ihnen einreden wollen, daß die Beziehung schon längst todkrank war und Sie nur
zu oft sich zähneknirschend fragten, wie Sie dieser Hölle entrinnen könnten. Glauben Sie einfach nicht, daß die Trennung das bei weitem
kleinere Übel ist. Überzeugen Sie sich vielmehr

zum x-ten Male, daß ein ernsthafter, ehrlicher »Neuanfang« diesmal den idealen Erfolg haben wird. (Er wird es nicht.) Lassen Sie sich ferner von der eminent logischen Überlegung leiten: Wenn der *Verlust* des geliebten Wesens so höllisch schmerzt, wie himmlisch muß dann das *Wiederfinden* sein. Sondern Sie sich von allen Mitmenschen ab, bleiben Sie daheim, in unmittelbarer Nähe des Telefons, um sofort und voll verfügbar zu sein, wenn die glückhafte Stunde schlägt. Sollte das Warten Ihnen aber doch zu lange werden, dann empfiehlt uralte menschliche Erfahrung das Anknüpfen einer in allen Einzelheiten identischen Beziehung zu einem ganz ähnlichen Partner – wie grundverschieden dieser Mensch anfangs auch scheinen mag.

2. *Frau Lot:*

Ein weiterer Vorteil des Festhaltens an der Vergangenheit besteht darin, daß es einem keine Zeit läßt, sich mit der Gegenwart abzugeben. Täte man das, so könnte es einem jederzeit passieren, die Blickrichtung rein zufällig um 90 oder gar 180 Grad zu schwenken und feststellen zu müssen, daß die Gegenwart nicht nur zusätzliche Unglücklichkeit, sondern gelegentlich auch Un-Unglückliches zu bieten hat; von allerlei Neuem ganz zu schweigen, das unseren ein für allemal gefaßten Pessimismus erschüttern könnte. Hier blicken wir mit Bewunderung auf unsere biblische Lehrmeisterin, Frau Lot, zurück – Sie erinnern sich doch? Der Engel sagte zu Lot und den Seinen: »Rette dich, es gilt dein Leben. Schaue nicht hinter dich, bleibe nirgends stehen.« [...] Seine Frau aber schaute zurück und wurde zu einer Salzsäule. [Gen. XIX,17 u. 26]

3. *Das schicksalhafte Glas Bier:*
In einem seiner Filme, *The Fatal Glass of Beer,* zeigt ein Altmeister der amerikanischen Filmkomik, W.C. Fields, den erschröcklichen, unaufhaltsamen Niedergang eines jungen Mannes, der der Versuchung nicht widerstehen kann, sein erstes Glas Bier zu trinken. Der warnend erhobene (wenn auch vor unterdrücktem Lachen leicht zitternde) Zeigefinger ist nicht zu übersehen: Die Tat ist kurz, die Reue lang. Und wie lang! (Man denke nur an eine andere biblische Urmutter: Eva, und das bißchen Apfel...)
Diese Fatalität hat ihre unleugbaren Vorteile, die bisher schamhaft verschwiegen wurden, in unserem aufgeklärten Zeitalter aber nicht länger verheimlicht werden dürfen: Reue hin, Reue her – für unser Thema ist es viel wichtiger, daß die

nie wieder gutzumachenden Folgen des ersten Glases Bier alle weiteren Gläser wenn schon nicht entschuldigen, so doch zwingend begründen. Anders ausgedrückt: schön – man steht schuldbeladen da, man hätte es *damals* besser wissen sollen, aber *jetzt* ist es zu spät. Damals sündigte man, jetzt ist man das Opfer des eigenen Fehltritts. Ideal ist diese Form der Unglücklichkeitskonstruktion freilich nicht, nur passabel.

Suchen wir daher nach Verfeinerungen. Was, wenn wir am ursprünglichen Ereignis unbeteiligt sind? Wenn uns niemand der Mithilfe beschuldigen kann? Kein Zweifel, dann sind wir reine Opfer, und es soll nur jemand versuchen, an unserem Opfer-Status zu rütteln oder gar zu erwarten, daß wir etwas dagegen unternehmen. Was uns Gott, Welt, Schicksal, Natur, Chromosome und Hormone, Gesellschaft, Eltern, Verwandte, Polizei, Lehrer, Ärzte, Chefs oder besonders Freunde antaten, wiegt so schwer, daß die bloße Insinuation, vielleicht etwas dagegen tun zu können, schon eine Beleidigung ist. Außerdem ist sie unwissenschaftlich. Jedes Lehrbuch der Psychologie öffnet uns die Augen für die Determinierung der Persönlichkeit durch Ereignisse in der Vergangenheit, vor allem in der frühen Kindheit. Und jedes Kind weiß, daß, was einmal geschehen, nie mehr ungeschehen gemacht werden kann. Daher, nebenbei bemerkt, der tierische Ernst (und die Länge) fachgerechter psychologischer Behandlungen.* Wo kämen wir denn hin, wenn sich immer mehr Menschen davon überzeugten, daß ihre Lage hoffnungslos, aber nicht ernst ist? Man besehe sich nur das warnende Beispiel Österreichs, dessen wirkliche, wenn auch offiziell hartnäckig geleugnete Nationalhymne das gemütliche Lied »O du lieber Augustin, alles ist hin« ist.

In den eher seltenen Fällen, in denen der unabhängige Lauf der Dinge ohne unser Zutun für das Trauma oder die Versagung der Vergangenheit kompensiert und uns das Gewünschte kostenlos in den Schoß legt, verzagt der Könner noch lange nicht. Die Formel, »jetzt ist es zu spät, jetzt will ich es nicht mehr«, ermöglicht es ihm, unnahbar im Turmzimmer seiner Indignation zu verbleiben und die von der Vergangenheit geschlagenen Wunden durch allzu eifriges Lecken am Heilen zu hindern.

Das Non plus ultra aber, das freilich Genialität voraussetzt, besteht darin, die Vergangenheit auch für *Gutes* verantwortlich zu machen und

---

* Wer das nicht versteht, der vertiefe sich in die einschlägige Literatur, zum Beispiel Kubie [8].

daraus Kapital für gegenwärtiges Unglück zu schlagen. Unübertroffen als Beispiel für diese Variation des Themas ist der in die Geschichte eingegangene Ausspruch eines venezianischen Hafenarbeiters nach Abzug der Habsburger aus Venetien: »Verflucht seien die Österreicher, die uns gelehrt haben, dreimal täglich zu essen!«

4. *Der verlorene Schlüssel, oder*
»mehr desselben«:
Unter einer Straßenlaterne steht ein Betrunkener und sucht und sucht. Ein Polizist kommt daher, fragt ihn, was er verloren habe, und der Mann antwortet: »Meinen Schlüssel.« Nun suchen beide. Schließlich will der Polizist wissen, ob der Mann sicher ist, den Schlüssel gerade hier verloren zu haben, und jener antwortet: »Nein, nicht hier, sondern dort hinten – aber dort ist es viel zu finster.«

Finden Sie das absurd? Wenn ja, suchen auch Sie am falschen Ort. Der Vorteil ist nämlich, daß eine solche Suche zu nichts führt, außer *mehr desselben,* nämlich nichts.

Hinter diesen beiden einfachen Worten, mehr desselben, verbirgt sich eines der erfolgreichsten und wirkungsvollsten Katastrophenrezepte, das sich auf unserem Planeten im Laufe der Jahrmillionen herausgebildet und zum Aussterben ganzer Gattungen geführt hat. Es handelt sich dabei nämlich um ein Spiel mit der Vergangenheit, das unseren tierischen Vorfahren schon vor dem sechsten Schöpfungstag bekannt war.

Im Gegensatz zum obenerwähnten Mechanismus der Zuschreibung von Ursache und Schuld an die *Force majeure* vergangener Ereignisse, beruht dieses vierte Spiel auf dem sturen Festhalten an Anpassungen und Lösungen, die irgendwann einmal durchaus ausreichend, erfolgreich, oder vielleicht sogar die einzig möglichen gewesen waren. Das Problem mit jeder derartigen Anpassung an gegebene Umstände ist nur, daß letztere sich mit der Zeit ändern. Und hier setzt dieses Spiel an. Einerseits ist es klar, daß sich kein Lebewesen der Umwelt gegenüber planlos – das heißt, heute so und morgen ganz anders – verhalten kann. Die lebenswichtige Notwendigkeit der Anpassung führt unweigerlich zur Ausbildung bestimmter Verhaltensmuster, deren Zweck idealerweise ein möglichst erfolgreiches und leidensfreies Überleben wäre. Aus Gründen, die den Verhaltensforschern noch recht schleierhaft sind, neigen aber andererseits Tiere wie Menschen dazu, diese jeweils bestmöglichen Anpassungen als die auf ewig einzig möglichen zu betrachten. Das führt zu einer zweifachen Blindheit: Erstens dafür, daß im Laufe der Zeit die betreffende Anpassung eben nicht mehr die bestmögliche ist, und zweitens dafür, daß es neben ihr schon immer eine ganze Reihe anderer Lösungen gegeben hat oder zumindest *nun* gibt. Diese doppelte Blindheit hat zwei Folgen: Erstens macht sie die Patentlösung immer erfolgloser und die Lage immer schwieriger, und zweitens führt der damit steigende Leidensdruck zur scheinbar einzig logischen Schlußfolgerung, nämlich der Überzeugung, noch nicht genug zur Lösung getan zu haben. Man wendet also mehr derselben »Lösung« an und erreicht damit genau mehr desselben Elends.

Die Bedeutung dieses Mechanismus für unser Thema liegt auf der Hand. Er kann ohne die Notwendigkeit einer Spezialausbildung auch vom Anfänger angewandt werden – ja, er ist so weit verbreitet, daß er seit den Tagen Freuds Generationen von Spezialisten ein gutes Ein- und Auskommen bietet; wobei allerdings zu bemerken ist, daß sie ihn nicht das Mehr-desselben-Rezept, sondern *Neurose* nennen.

Doch nicht auf den Namen soll es uns ankommen, sondern auf den Effekt. Dieser aber ist garantiert, solange der Unglücksaspirant sich an zwei einfache Regeln hält: Erstens, es gibt nur ei-

ne mögliche, erlaubte, vernünftige, sinnvolle, lo-
gische Lösung des Problems, und wenn diese An-
strengungen noch nicht zum Erfolg geführt haben, so beweist das nur, daß er sich noch nicht
genügend angestrengt hat. Zweitens, die Annahme, daß es nur diese einzige Lösung gibt, darf
selbst nie in Frage gestellt werden; herumprobie-
ren darf man nur an der *Anwendung* dieser
Grundannahme.

Russen und Amerikaner

Wer aber – fragten Sie sich vielleicht – würde sich schon so absurd verhalten wie der Mann im Beispiel vom verlorenen Schlüssel? Er weiß doch ganz genau, und sagt es dem Polizisten auch, daß das Gesuchte nicht dort liegt, wo er es sucht. Zugegeben, es ist schwieriger, etwas im Dunkeln (der Vergangenheit) statt unter dem Lichtkegel (der Gegenwart) zu finden, aber darüber hinaus beweist der Witz doch gar nichts.

Haha – und warum, glauben Sie, wird der Mann als betrunken hingestellt? Ganz einfach, weil der Witz, um seine Pointe anzubringen, auf diese billige Weise glaubhaft machen muß, daß irgend etwas mit dem Mann nicht stimmt; daß er etwas weiß und doch nicht weiß.

Besehen wir uns dieses Irgendetwas. Von der Anthropologin Margaret Mead stammt die Scherzfrage, was der Unterschied zwischen einem Russen und einem Amerikaner sei. Der Amerikaner, sagte sie, neigt dazu, Kopfweh *vorzuschützen,* um sich glaubwürdig einer unerwünschten gesellschaftlichen Verpflichtung zu entziehen; der Russe dagegen muß das Kopfweh *tatsächlich* haben. *Ex oriente lux,* kann man da nur wieder einmal sagen, denn Sie werden zugeben, daß die russische Lösung ungleich besser und eleganter ist. Der Amerikaner erreicht zwar seinen Zweck, weiß aber, daß er schwindelt. Der Russe dagegen bleibt in Harmonie mit seinem Gewissen. Er hat die Fähigkeit, ganz nach Bedarf einen Entschuldigungsgrund herbeizuführen, der ihm nützlich ist, ohne aber zu wissen (und ohne daher dafür verantwortlich zu sein), *wie* er es schafft. Seine rechte Hand weiß sozusagen nicht, was seine Linke tut.

Auf diesem Spezialgebiet scheint jede Generation ihre großen Könner zu entwickeln, die allerdings oft im Verborgenen wirken und nur manchmal der Öffentlichkeit bekannt werden. So blickt in unseren Tagen der Minderbegabte zum Beispiel voll Bewunderung auf zwei Männer, deren Talent hier kurz skizziert sei.

Der eine ist ein gewisser Bobby Joe Keesee, der laut *United Press* vom 29. 4. 1975 derzeit für die Entführung und Ermordung des amerikanischen Vizekonsuls im mexikanischen Hermosillo eine Gefängnisstrafe von zwanzig Jahren verbüßt. Als die Richter ihn vor dem Urteilsspruch fragten, ob er noch etwas zu seiner Verteidigung zu sagen habe, antwortete er: »*There is nothing more I could say. I got involved in something I realize was wrong.*« Der Eleganz dieser Distanzierung von der Tat kann auch die beste deutsche Übersetzung nicht gerecht werden. Der erste Satz läßt sich zur Not mit »Ich habe nichts hinzuzufügen« übertragen. Der zweite Satz dagegen ist nicht so einfach. »*I got involved*« kann, je nach Belieben, sich auf Unabsichtliches oder Absichtliches beziehen; nämlich entweder »Ich wurde in etwas verwikkelt« oder »Ich ließ mich auf etwas ein«. Im einen wie im anderen Falle aber ist der springende Punkt die darauf folgende Verwendung von »*I realize*« in der Gegenwart, also »etwas von dem ich (jetzt) weiß, daß es unrecht war«. In anderen Worten: Als er die Tat verübte, war ihm das nicht klar.

All das scheint an und für sich kaum bemerkenswert. Die Sache wird erst interessant, wenn wir weiterlesen und erfahren, daß Keesee 1962 von der US-Armee desertierte, ein Flugzeug stahl und nach Kuba flog. Dafür wurde er nach Rückkehr in die Staaten zu zwei Jahren Gefängnis verurteilt, obwohl er behauptete, im Auftrag des CIA gehandelt zu haben. 1970 brachte er es dann fertig, Mitglied einer Gruppe von Geiseln zu sein, die palästinensische Guerilleros in Amman gefangen hielten, und 1973 tauchte er zu jedermanns Erstaunen in einer Gruppe von amerikanischen Kriegsgefangenen auf, die von den Nordvietnamesen entlassen wurden.

Weniger abenteuerlich, dafür aber um so öfter bringt es Mike Maryn fertig, sich sozusagen nachtwandlerisch in Schwierigkeiten zu manövrieren. Laut einer Zeitungsmeldung vom 28.7.1977 [10] war er bis zu diesem Zeitpunkt 83mal überfallen und ausgeraubt worden, und viermal wurde ihm sein Auto gestohlen. Er ist weder Juwelier noch Geldbriefträger. Seine Angreifer waren kleine Jungen, Jugendliche, erwachsene Männer und mehrere Frauen. Er selbst hat keine

Ahnung, wie »es« dazu kommt, und auch die Polizei hat keine bessere Erklärung, außer daß er halt »zur falschen Zeit am falschen Ort« ist.

Schön, werden Sie sagen, damit wissen wir aber immer noch nicht, *wie* man das schafft. Noch einen Augenblick Geduld, bitte.

Die Geschichte
mit dem Hammer

Ein Mann will ein Bild aufhängen. Den Nagel hat er, nicht aber den Hammer. Der Nachbar hat einen. Also beschließt unser Mann, hinüberzugehen und ihn auszuborgen. Doch da kommt ihm ein Zweifel: Was, wenn der Nachbar mir den Hammer nicht leihen will? Gestern schon grüßte er mich nur so flüchtig. Vielleicht war er in Eile. Aber vielleicht war die Eile nur vorgeschützt, und er hat etwas gegen mich. Und was? Ich habe ihm nichts angetan; der bildet sich da etwas ein. Wenn jemand von mir ein Werkzeug borgen wollte, *ich* gäbe es ihm sofort. Und warum er nicht? Wie kann man einem Mitmenschen einen so einfachen Gefallen abschlagen? Leute wie dieser Kerl vergiften einem das Leben. Und dann bildet er sich noch ein, ich sei auf ihn angewiesen. Bloß weil er einen Hammer hat. Jetzt reicht's mir wirklich. – Und so stürmt er hinüber, läutet, der Nachbar öffnet, doch noch bevor er »Guten Tag« sagen kann, schreit ihn unser Mann an: »Behalten Sie sich Ihren Hammer, Sie Rüpel!«

Die Wirkung ist großartig, die Technik verhältnismäßig einfach, wenn auch keineswegs neu. Schon Ovid beschrieb sie in seiner *Liebeskunst* – wenn auch leider nur im positiven Sinne: »Rede dir ein, du liebst, wo du flüchtig begehrest. Glaub es dann selbst. ... Aufrichtig liebt, wem's gelang, sich selbst in Feuer zu sprechen.«

Wer dem Ovidschen Rezept folgen kann, sollte keine Schwierigkeit haben, diesen Mechanismus im Sinne unseres Leitfadens anzuwenden. Wenige Maßnahmen eignen sich besser zur Erzeugung von Unglücklichkeit, als die Konfrontierung des ahnungslosen Partners mit dem letzten Glied einer langen, komplizierten Kette von Phantasien, in denen er eine entscheidende, negative Rolle spielt. Seine Verwirrung, Bestürzung, sein angebliches Nichtverstehen, seine Ungehaltenheit, sein Sich-herausreden-Wollen aus seiner Schuld sind für Sie die endgültigen Beweise, daß Sie natürlich recht haben, daß Sie Ihre Gunst einem Unwürdigen schenkten und daß Ihre Güte eben wieder einmal mißbraucht wurde.

Auch der virtuosesten Anwendung jeder Technik sind natürlich Grenzen gesetzt, und die Moral von der Geschichte mit dem Hammer ist keine Ausnahme. Der Soziologe Howard Higman von der Colorado-Universität spricht in diesem Zusammenhang von der »unspezifischen Besonderheit« *(non-specific particular)* und deren Rückanwendung an den Partner. Laut ihm neigen Ehefrauen zum Beispiel dazu, aus einem Nebenzimmer »Was ist das?« zu rufen. Sie erwarten, daß der Mann aufsteht und hinübergeht, um herauszufinden, was sie meint, und in dieser Erwartung werden sie selten enttäuscht. Einem ihm befreundeten Ehemann gelang es aber, dieser archetypischen Situation einen neuen Dreh zu verleihen, indem er den Spieß umkehrte. Er saß in seinem Studierzimmer, als seine Frau quer durch das Haus rief: »Ist es angekommen?« Obwohl der Mann keine Ahnung hatte, was »es« war, antwortete er: »Ja.« Darauf wollte sie wissen:

»Und wo hast du es hingetan?«, und er rief zurück: »Zu den andern.« Zum erstenmal in seiner Ehe konnte er darauf stundenlang ungestört arbeiten. [3]

Doch zurück zu Ovid beziehungsweise seinen Nachfolgern. Hier kommt einem vor allem der berühmte französische Apotheker Emile Coué (1857–1926) in den Sinn. Er ist der Gründer einer Schule der (leider eben wieder ins Positive verkehrten) Selbstbeeinflussung, die darin besteht, daß man sich einredet, es gehe einem besser und immer besser. Mit etwas Talent läßt sich Coué aber umdrehen, und seine Technik kann dann in den Dienst der Unglücklichkeit gestellt werden.

Und damit können wir uns endlich der Praxis des bisher Erklärten zuwenden. Wir haben begriffen, daß die für unsere Zwecke unerläßliche Herbeiführung jenes Zustands, in dem die rechte Hand nicht weiß, was die linke tut, erlernt werden kann. Hierzu bietet sich eine Reihe von Übungen an:

Übung Nr. 1: Setzen Sie sich in einen bequemen Sessel, möglichst mit Armstützen, schließen Sie die Augen und stellen Sie sich vor, in eine reife, saftige Zitrone zu beißen. Mit etwas Übung wird Ihnen die imaginäre Zitrone bald das wirkliche Wasser im Munde zusammenlaufen lassen.

Übung Nr. 2: Bleiben Sie im Sessel sitzen, weiterhin mit geschlossenen Augen, und verschieben Sie Ihre Aufmerksamkeit von der Zitrone auf Ihre Schuhe. Es dürfte nicht lange dauern, und Sie werden bemerken, wie unbequem es eigentlich ist, Schuhe zu tragen. Gleichgültig, wie gut sie bisher zu passen schienen, Sie werden nun Druckpunkte bemerken und sich plötzlich auch anderer Unannehmlichkeiten bewußt werden, wie Brennen, Reiben, Krümmen der Zehen, Hitze oder Kälte und dergleichen. Üben Sie, bis das bisher selbstverständliche und bedeutungslose Tragen von Schuhen ausgesprochen unangenehm wird. Kaufen Sie sich dann neue Schuhe und bemerken Sie, wie sie im Laden einwandfrei zu passen schienen, nach kurzem Tragen aber dieselben Beschwerden erzeugen wie die alten.

Übung Nr. 3: Im Sessel sitzend, blicken Sie bitte durchs Fenster in den Himmel. Mit etwas Geschick werden Sie in Ihrem Blickfeld bald zahlreiche winzige, bläschenartige Kreise wahrnehmen, die bei Stillhalten der Augen langsam nach unten sinken, beim Zwinkern aber wieder hinaufschnellen. Bemerken Sie ferner, daß diese Kreise immer zahlreicher und größer zu werden scheinen, je mehr Sie sich auf sie konzentrieren. Erwägen Sie die Möglichkeit, daß es sich um eine gefährliche Erkrankung handelt, denn wenn die Kreise einmal Ihr ganzes Gesichtsfeld ausfüllen, werden Sie äußerst sehbehindert sein. Gehen Sie zum Augenarzt. Er wird Ihnen zu erklären versuchen, daß es sich um die ganz harmlosen *mouches volantes* handelt. Nehmen Sie dann entweder an, daß er Masern hatte, als diese Krankheit in der Universitäts-Augenklinik den Medizinstudenten seines Jahrgangs erklärt wurde, oder daß er Sie aus reiner Nächstenliebe nicht vom unheilbaren Verlauf Ihrer Krankheit informieren will.

Übung Nr. 4: Sollte die Sache mit den *mouches volantes* nicht recht klappen, so brauchen Sie die Flinte noch lange nicht ins Korn zu werfen. Unsere Ohren bieten eine gleichwertige Ausweichlösung. Gehen Sie in einen möglichst stillen Raum und stellen Sie fest, daß Sie plötzlich ein Summen, Surren, leichtes Pfeifen oder einen ähnlichen, gleichbleibenden Ton in Ihren Ohren feststellen können. Unter normalen Alltagsbedingungen ist der Ton zwar durch die Umweltgeräusche überdeckt; mit entsprechender Hingabe dürften Sie es aber fertigbringen, den Ton immer häufiger und lauter wahrzunehmen. Gehen Sie schließlich zum Arzt. Von hier ab gilt Übung Nr. 3, mit der Ausnahme, daß der Arzt die Sache als normalen *Tinnitus* verharmlosen wollen wird.

(Besondere Anweisung für Medizinstudenten: Übungen 3 und 4 entfallen für Sie. Sie sind ohnedies genügend damit beschäftigt, in sich die fünftausend Symptome zu entdecken, auf denen sich die Diagnostik der Inneren Medizin allein aufbaut – von den anderen ärztlichen Spezialgebieten ganz zu schweigen.)

Übung Nr. 5: Sie sind nun hinlänglich ausgebildet und offensichtlich auch talentiert, um Ihre Fähigkeiten vom eigenen Körper auf die Umwelt zu übertragen. Beginnen wir mit den Verkehrsampeln. Sie dürften bereits bemerkt haben, daß sie die Neigung haben, so lange grün zu sein, bis Sie daherkommen, und dann genau zu jenem Zeitpunkt von gelb auf rot zu wechseln, an dem Sie es nicht mehr riskieren können, doch noch über die Kreuzung zu fahren. Widerstehen Sie den Einflüsterungen Ihrer Vernunft, wonach Sie mindestens ebensooft auf grüne wie auf rote Ampeln stoßen, und der Erfolg ist verbürgt. Ohne zu wissen, wie Sie es eigentlich fertigbringen, werden Sie jede rote Ampel zum bereits erlittenen Ungemach addieren, jede grüne dagegen ignorieren. Sehr bald werden Sie sich des Eindrucks nicht erwehren können, daß hier höhere, Ihnen feindlich gesinnte Mächte ihr Unwesen treiben, deren Einfluß sich außerdem keineswegs auf Ihren Wohnort beschränkt, sondern Ihnen mühelos nach Oslo oder Los Angeles folgt. – Sollten Sie nicht Auto fahren, so können Sie ersatzweise entdecken, daß die Schlange, in der Sie vor dem Post- oder Bankschalter stehen, immer die langsamste ist, oder daß Ihr Flugzeug immer an dem von der Schalterhalle am weitesten entfernten Ausgang wartet.

Übung Nr. 6: Sie wissen nun um das Walten dunkler Mächte. Dieses Wissen ermöglicht Ihnen nun weitere, wichtige Entdeckungen, denn Ihr Blick ist nun geschärft für erstaunliche Zusammenhänge, die der dumpfen, ungeschulten Alltagsintelligenz entgehen. Untersuchen Sie Ihre Haustüre sorgfältig, bis Sie einen Kratzer finden, den Sie bisher noch nie gesehen haben. Fragen Sie sich nach seiner Bedeutung: Ist es eine Gaunerzinke, das Resultat eines versuchten Einbruchs, eine absichtliche Beschädigung Ihres Eigentums, ein besonderes Zeichen, um Sie irgendwie zu identifizieren? Widerstehen Sie auch hier der Versuchung, die Sache zu bagatellisieren; begehen Sie aber andererseits auch nicht den Fehler, ihr praktisch auf den Grund zu gehen. Behandeln Sie das Problem rein gedanklich, denn jede Wirklichkeitsprüfung Ihrer Annahme wäre dem Erfolg dieser Übung nur abträglich.

Wenn Sie durch diese Übung Ihren eigenen Stil

entwickelt und Ihren Blick für ungewöhnliche, mysteriöse Zusammenhänge geschärft haben, werden Sie bald bemerken, bis zu welchem Grade unser Alltag von solchen schicksalsträchtigen Verflechtungen durchzogen ist. Nehmen wir an, Sie warten auf den Autobus, der schon längst da sein sollte. Sie vertreiben sich die Zeit, indem Sie die Zeitung lesen, aber immer wieder den Blick die Straße hinunterwerfen. Plötzlich sagt Ihnen Ihr sechster Sinn: »Jetzt kommt er!« Sie drehen sich rasch hin, und tatsächlich, in der Ferne, noch mehrere Häuserblocks entfernt, ist der Autobus aufgetaucht. Erstaunlich, nicht wahr? Und doch ist das nur ein kleines Beispiel aus der Vielfalt der Hellsichtigkeiten, die sich langsam in Ihnen ausbilden und dort am wichtigsten sind, wo sich alles mögliche für Sie Nachteilige abzeichnet.

Übung Nr. 7: Sobald Sie hinlänglich überzeugt sind, daß etwas Verdächtiges vorgeht, besprechen Sie es mit Freunden und Bekannten. Es gibt keine bessere Methode, um die wahren Freunde von den Wölfen im Schafspelz zu trennen, die in undurchsichtiger Weise da mit im Spiele sind. Jene werden sich nämlich trotz – oder gerade wegen – ihrer Geriebenheit dadurch verraten, daß Sie Ihnen einreden wollen, Ihre

Annahme habe weder Hand noch Fuß. Für Sie wird das keine Überraschung sein, denn es versteht sich von selbst, daß, wer Ihnen schaden will, das nicht offen zugibt. Er wird Sie vielmehr scheinheilig von Ihrem angeblich unbegründeten Verdacht abbringen und von seinen guten, freundlichen Absichten zu überzeugen versuchen. Und damit wissen Sie nicht nur, wer mit im Komplott drinsteckt, sondern auch, daß an der ganzen Sache wirklich etwas sein *muß,* denn warum würden jene »Freunde« sich sonst so anstrengen, Sie vom Gegenteil zu überzeugen?

Wer sich diesen Übungen gewidmet hat, kommt zur Einsicht, daß nicht nur Margaret Meads Russe, der Mann mit dem Hammer oder Naturgenies wie die erwähnten Herren Keesee und Maryn, sondern auch der Durchschnittsbürger es fertigbringen kann, durch dieses besondere geistige Training zum Punkte zu gelangen, wo er eine schwierige Situation selbst erschafft und doch keine Ahnung hat, sie erschaffen zu haben. Hilflos dem Spiel unbeeinflußbarer Vorgänge ausgeliefert, kann er völlig glaubwürdig nach Herzenslust an ihnen leiden. Hierzu jedoch ein Wort der Warnung:

Die Bohnen in der Hand

Ganz so einfach ist diese Erkenntnis höherer Welten freilich nicht, und Pannen lassen sich nicht ausschließen. Die folgenschwerste von ihnen ist der Kernpunkt folgender Geschichte:

Auf ihrem Sterbebett nimmt eine junge Frau ihrem Mann das Gelöbnis ab, sich nach ihrem Tode nie mit einer anderen einzulassen. »Wenn du dein Versprechen brichst, werde ich als Geist zurückkommen und dir keine Ruhe geben.« – Der Mann hält sich zunächst daran, aber einige Monate nach ihrem Tode lernt er eine andere Frau kennen und verliebt sich in sie.

Bald darauf beginnt ein Geist ihm jede Nacht zu erscheinen und ihn des Bruchs seines Gelöbnisses zu beschuldigen. Daß es sich um einen Geist handelt, steht für den Mann außer Frage, da der Geist nicht nur über alles unterrichtet ist, was zwischen dem Mann und der neuen Frau täglich vorgeht, sondern auch über die geheimsten Gedanken, Hoffnungen und Gefühle des Mannes genau Bescheid weiß. Da die Lage schließlich für ihn unerträglich wird, geht der Mann zu einem Zen-Meister und bittet ihn um Rat.

»Eure erste Frau wurde zum Geist und weiß alles, was Ihr tut«, erklärte der Meister. »Was immer Ihr tut oder sagt, was immer Ihr Eurer Geliebten gebt, sie weiß es. Sie muß ein sehr weiser Geist sein. Fürwahr, Ihr solltet solch einen Geist bewundern. Wenn sie das nächste Mal erscheint, macht einen Handel mit ihr aus. Sagt ihr, daß sie so viel weiß, daß Ihr nichts vor ihr verbergen könnt, und daß Ihr Eure Verlobung brechen und ledig bleiben werdet, wenn sie Euch *eine* Frage beantworten kann.«

»Was ist das für eine Frage, die ich ihr stellen muß?« fragte der Mann.

Der Meister erwiderte: »Nehmt eine gute Handvoll Bohnen und fragt sie nach der genauen Zahl der Bohnen in Eurer Hand. Wenn sie es Euch nicht sagen kann, so werdet Ihr wissen, daß sie nur eine Ausgeburt Eurer Phantasie ist, und sie wird Euch nicht länger stören.«

Als der Geist der Frau in der nächsten Nacht erschien, schmeichelte der Mann ihr und sagte, daß sie alles wisse.

»In der Tat«, antwortete der Geist, »und ich weiß, daß du heute bei jenem Zen-Meister warst.«

»Und da du so viel weißt«, forderte der Mann, »sag mir, wie viele Bohnen ich in meiner Hand halte.«

Da war kein Geist mehr, um diese Frage zu beantworten. [18]

Sehen Sie, eben diese Art von Kurzschluß war gemeint, wenn ich weiter oben erwähnte, daß man ein solches Problem rein gedanklich pflegen und verfolgen muß, und Wirklichkeitsprüfungen dem Erfolg der Sache nur abträglich sein können. Wenn Ihre Verzweiflung und Schlaflosigkeit Sie aber zum modernen Äquivalent eines Zen-Meisters treiben sollte, dann gehen Sie wenigstens zu einem, der von derartigen Lösungen nichts hält. Konsultieren Sie vielmehr einen Nachkommen von Frau Lot, der mit Ihnen zusammen Spiel Nr. 2 mit der Vergangenheit (siehe Seite 23) spielt, indem er Sie auf die praktisch endlose Suche nach den Gründen des Problems anhand Ihrer frühesten Kindheitserlebnisse führt.

Die verscheuchten Elefanten

In den letzten Kapiteln war davon die Rede, wie man die Fähigkeit entwickelt, die rechte Hand nicht wissen zu lassen, was die linke tut. Nun soll das genaue Gegenteil zur Sprache kommen: nicht die Herstellung, sondern die Vermeidung eines Problems zum Zwecke seiner Verewigung.

Das Grundmuster dafür liefert die Geschichte vom Manne, der alle zehn Sekunden in die Hände klatscht. Nach dem Grunde für dieses merkwürdige Verhalten befragt, erklärt er: «Um die Elefanten zu verscheuchen.«

»Elefanten? Aber es sind doch hier gar keine Elefanten?«

Darauf er: »Na, also! Sehen Sie?«

Die Moral von der Geschichte ist, daß Abwehr oder Vermeidung einer gefürchteten Situation oder eines Problems einerseits die scheinbar vernünftigste Lösung darstellt, andererseits aber das Fortbestehen des Problems garantiert. Und darin liegt der Wert der Vermeidung für unsere Zwekke. Zur besseren Erklärung ein weiteres Beispiel: Wenn einem Pferd durch eine Metallplatte im Stallboden ein elektrischer Schock in einen Huf zugeführt wird und kurz davor ein Summerzeichen ertönt, so bringt das Tier sehr rasch diese beiden Wahrnehmungen in scheinbar ursächlichen Zusammenhang. Das heißt, jedesmal, wenn der Summer ertönt, wird das Pferd nun den betreffenden Huf anheben, um dem Schock zu entgehen. Ist einmal diese Assoziation zwischen Summer und Schock hergestellt, so ist der Schock nicht mehr nötig: Der Summer allein führt zum Anheben des Hufs. Und jeder dieser Akte der Vermeidung verstärkt im Tiere (so dürfen wir wohl annehmen) die »Überzeugung«, daß es damit die schmerzvolle Gefahr erfolgreich vermieden hat.

Was es nicht weiß und auf diese Weise *auch nie herausfinden kann,* ist, daß die Gefahr schon längst nicht mehr besteht.*

Sie sehen, es handelt sich hier nicht um einen ganz gewöhnlichen Aberglauben. Abergläubische Handlungen sind notorisch unzuverlässig; auf die Wirkung der Vermeidung dagegen kann sich der Unglücksaspirant voll verlassen. Auch ist die Anwendung der Technik viel einfacher als es zunächst scheinen mag. Im wesentlichen geht es um ein konsequentes Beharren auf dem gesunden Menschenverstand, und was könnte vernünftiger sein?

So kann wohl kein Zweifel daran bestehen, daß eine große Zahl auch unserer alltäglichsten Handlungen ein Element der Gefahr in sich tragen. Wieviel Gefahr soll man in Kauf nehmen? Vernünftigerweise ein Minimum, oder am besten gar keine. Berufsboxen oder Drachensegeln erscheint auch den Waghalsigeren unter uns als zu riskant. Autofahren? Überlegen Sie sich nur, wie viele Menschen täglich bei Verkehrs-

---

* Übrigens, das Gegenteil der Vermeidung ist die romantische Suche nach der Blauen Blume. Die Vermeidung verewigt das Problem; der Glaube an die (völlig unbewiesene) Existenz der Blauen Blume verewigt die Suche.

unfällen umkommen oder zu Krüppeln werden. Aber auch zu Fuß gehen schließt viele Gefahrenmomente ein, die sich dem forschenden Blick der Vernunft bald enthüllen. Taschendiebe, Auspuffgase, einstürzende Häuser, Feuergefechte zwischen Bankräubern und der Polizei, weißglühende Bruchstücke amerikanischer oder sowjetischer Raumsonden – die Liste ist endlos, und nur ein Narr wird sich diesen Gefahren bedenkenlos aussetzen. Da bleibt man besser daheim. Aber auch dort ist die Sicherheit nur relativ. Treppen, die Tücken des Badezimmers, die Glätte des Fußbodens oder die Falten des Teppichs, oder ganz einfach Messer, Gabel, Scher' und Licht, von Gas, Heißwasser und Elektrizität ganz zu schweigen. Die einzig vernünftige Schlußfolgerung scheint darin zu bestehen, morgens lieber erst gar nicht aufzustehen. Aber welchen Schutz bietet das Bett schon gegen Erdbeben? Und was, wenn das dauernde Liegen zum Wundliegen (Dekubitus) führt?

Doch ich übertreibe. Nur wenigen ganz großen Könnern gelingt es, so vernünftig zu werden, daß sie *alle* erdenklichen Gefahren begreifen und zu vermeiden beginnen – einschließlich Verpestung der Luft, Verseuchung des Trinkwassers, Cholesterin, Triglyzeride, karzinogene Substanzen in

Lebensmitteln und hunderterlei weitere Gefahren und Gifte.

Der Durchschnittsmensch bringt es meist nicht fertig, seine Vernunft zu dieser allumfassenden Weltschau und zur Vermeidung jeder Gefahr vorzutreiben und auf diese Weise zum hundertprozentigen Wohlfahrtsempfänger zu werden. Wir Minderbegabte müssen uns meist mit Teilerfolgen bescheiden, die aber durchaus genügen können. Sie bestehen in der konzentrierten Anwendung des gesunden Menschenverstandes auf ein Teilproblem: Mit Messern kann man sich verletzen, daher soll man sie vermeiden; Türklinken sind tatsächlich mit Bakterien bedeckt. Wer weiß, ob man mitten im Symphoniekonzert nicht doch plötzlich auf die Toilette muß, oder ob man das Schloß beim Nachprüfen nicht irrtümlich aufgeschlossen hat? Der Vernünftige vermeidet daher scharfe Messer, öffnet Türen mit dem Ellbogen, geht nicht ins Konzert und überzeugt sich fünfmal, daß die Tür wirklich abgesperrt ist. Voraussetzung ist allerdings, daß man das Problem nicht langsam aus den Augen verliert. Die folgende Geschichte zeigt, wie man das vermeiden kann:

Eine alte Jungfer, die am Flußufer wohnt, beschwert sich bei der Polizei über die kleinen Jungen, die vor ihrem Haus nackt baden. Der Inspektor schickt einen seiner Leute hin, der den Bengeln aufträgt, nicht vor dem Haus, sondern weiter flußaufwärts zu schwimmen, wo keine Häuser mehr sind. Am nächsten Tage ruft die Dame erneut an: Die Jungen sind immer noch in Sichtweite. Der Polizist geht wieder hin und schickt sie noch weiter flußaufwärts. Tags darauf kommt die Entrüstete erneut zum Inspektor und beschwert sich: »Von meinem Dachbodenfenster aus kann ich sie mit dem Fernglas immer noch sehen!«

Man kann sich nun fragen: Was macht die Dame, wenn die kleinen Jungen nun endgültig außer Sichtweite sind? Vielleicht begibt sie sich jetzt auf lange Spaziergänge flußaufwärts, vielleicht genügt ihr die Sicherheit, daß *irgendwo* nackt gebadet wird. Eines scheint sicher: Die Idee wird sie weiterhin beschäftigen. Und das Wichtigste an einer so fest gehegten Idee ist, daß sie ihre eigene Wirklichkeit erschaffen kann. Dieses Phänomen soll uns als nächstes beschäftigen.

Selbsterfüllende Prophezeiungen

Ihr Horoskop in der heutigen Zeitung warnt Sie
(und ungefähr 300 Millionen andere, im selben
Tierkreiszeichen Geborene) vor der Möglichkeit
eines Unfalls. Tatsächlich passiert Ihnen etwas.
Also hat es mit der Astrologie doch seine Be-
wandtnis.

Oder? Sind Sie sicher, daß Sie den Unfall auch
dann gehabt hätten, wenn Sie das Horoskop *nicht*
gelesen hätten? Oder wenn Sie wirklich überzeugt

wären, daß die Astrologie krasser Unsinn ist? Nachträglich läßt sich das freilich nicht klären.

Vom Philosophen Karl Popper stammt die interessante Idee, daß – etwas laienhaft ausgedrückt – sich für Ödipus die schreckliche Prophezeiung des Orakels deswegen erfüllte, weil er von ihr wußte und ihr zu entgehen versuchte. Gerade aber das, was er zur *Vermeidung* tat, führte zur *Erfüllung* des Orakelspruches.

Hier hätten wir es also mit einer weiteren Wirkung der Vermeidung zu tun, nämlich ihrer Fähigkeit, unter Umständen genau das herbeizuführen, was vermieden werden soll. Und was für Umstände sind das? Erstens eine Voraussage im weitesten Sinne, also jede Erwartung, Besorgnis, Überzeugung oder ganz einfach ein Verdacht, daß die Dinge so und nicht anders verlaufen werden. Damit soll außerdem gesagt sein, daß die betreffende Erwartung entweder von außen, etwa durch andere Menschen, oder durch irgendwelche innere Überzeugungen ausgelöst werden kann. Zweitens muß die Erwartung nicht als reine Erwartung, sondern als bevorstehende Tatsache gesehen werden, zu deren Vermeidung sofortige Gegenmaßnahmen ergriffen werden müssen. Drittens ist die Annahme um so überzeugender, je mehr Menschen sie teilen, oder je weniger sie anderen, vom Lauf der Dinge bereits bewiesenen Annahmen widerspricht.

So genügt zum Beispiel die Annahme – ob sie faktisch begründet oder grundlos ist, spielt keine Rolle –, daß die anderen über einen tuscheln und sich heimlich lustig machen. Angesichts dieser »Tatsache« legt es der gesunde Menschenverstand nahe, den Mitmenschen nicht zu trauen und, da das Ganze natürlich unter einem löchrigen Schleier der Verheimlichung geschieht, genau aufzupassen und auch die kleinsten Indizien in Betracht zu ziehen. Es ist dann nur eine Frage der Zeit, bis man die anderen beim Tuscheln und heimlichen Lachen, beim konspiratorischen Augenzwinkern und gegenseitigem Zunicken ertappen kann. Die Prophezeiung hat sich erfüllt.

Allerdings funktioniert dieser Mechanismus nur dann wirklich klaglos, wenn Sie sich Ihres eigenen Beitrags dazu nicht Rechenschaft ablegen. Wie Sie aber in den letzten Kapiteln gelernt haben sollten, ist das nicht zu schwierig. Und außerdem, wenn die Sache einmal eine Zeitlang läuft, ist es ohnedies nicht mehr feststellbar und auch gar nicht wesentlich, was zuerst kam: Ihr für die anderen lächerlich mißtrauisches Gehabe, oder das Gehabe der anderen, das Sie mißtrauisch macht.

Selbsterfüllende Prophezeiungen haben einen geradezu magischen, »wirklichkeits«-schaffenden Effekt und sind daher für unser Thema sehr wichtig. Und sie haben ihren Stammplatz nicht nur im Repertoire jedes Unglücklichkeitsaspiranten, sondern auch im größeren gesellschaftlichen Rahmen. Wird zum Beispiel einer Minderheit der Zugang zu bestimmten Erwerbsquellen (etwa Landwirtschaft oder Handwerk) deswegen verwehrt, weil diese Menschen nach Ansicht der Mehrheit faul, geldgierig und vor allem »volksfremd« sind, so werden sie dazu gezwungen, sich als Trödler, Schmuggler, Pfandleiher und dergleichen zu betätigen, was die abschätzige Meinung der Mehrheit »klar« bestätigt. Je mehr Stopzeichen die Polizei aufstellt, desto mehr Fahrer werden zu Verkehrssündern, was die Aufstellung weiterer Stopzeichen »notwendig« macht. Je mehr eine Nation sich vom Nachbarn bedroht fühlt, desto mehr wird sie sich zu ihrer Verteidigung rüsten, und desto mehr wird die Nachbarnation ihre eigene Aufrüstung für das Gebot der Stunde halten. Der Ausbruch des (längst erwarteten) Krieges ist dann nur noch eine Frage der Zeit. Je höher die Steuersätze eines Landes hinaufgeschraubt werden, um für die Hinterziehungen der natürlich für unehrlich gehaltenen Steuerzahler zu kompensieren, desto mehr werden auch ehrliche Bürger zum Schwindeln veranlaßt. Jede von einer genügend großen Zahl von Menschen geglaubte Prophezeiung der bevorstehenden Verknappung oder Verteuerung einer Ware, wird (ob die Voraussage »faktisch« richtig ist oder nicht) zu Hamsterkäufen und damit zur Verknappung oder Verteuerung der Ware führen.

Die Prophezeiung des Ereignisses führt zum Ereignis der Prophezeiung. Voraussetzung ist nur, daß man sich selbst etwas prophezeit oder prophezeien läßt, und daß man es für eine unabhängig von einem selbst bestehende oder unmittelbar bevorstehende Tatsache hält. Auf diese Weise kommt man genau dort an, wo man nicht ankommen wollte. Doch der Fachmann weiß, wie er das Ankommen vermeiden kann. Davon sei nun die Rede.

Vor Ankommen wird gewarnt

It is better to travel hopefully than to arrive, zitiert R. L. Stevenson die Weisheit eines japanischen Sprichworts. Wörtlich übersetzt heißt das natürlich: Es ist besser, hoffnungsfroh zu reisen, als anzukommen; etwas sinngemäßer: Im Aufbruch, nicht am Ziele liegt das Glück.

Die Japaner sind freilich nicht die einzigen, denen vor dem Ankommen nicht recht geheuer ist. Schon Laotse empfahl, das Werk zu vergessen, sobald es beendet ist. Auch George Bernard Shaw kommt einem zu diesem Thema in den Sinn, mit seinem berühmten, oft plagiierten Aphorismus: »Im Leben gibt es zwei Tragödien. Die eine ist die Nichterfüllung eines Herzenswunsches. Die andere ist seine Erfüllung.« Hermann Hesses *Verführer* fleht die Verkörperung seines Begehrens an: »Wehr dich, du schöne Frau, straff dein Gewand! Entzücke, quäle – doch erhör mich nicht!«, denn er weiß, »daß jede Wirklichkeit den Traum vernichtet«. Weniger poetisch, dafür um so ausführlicher, hat sich Hesses Zeitgenosse Alfred Adler mit diesem Problem herumgeschlagen. Sein Werk, dessen Wiederentdeckung überfällig ist, befaßt sich unter anderem eingehend mit dem Lebensstil der ewig Reisenden und vorsichtshalber lieber nicht Ankommenden.

Sehr frei nach Adler sind die Regeln dieses Spiels mit der Zukunft ungefähr folgende: Ankommen – womit buchstäblich wie metaphorisch das Erreichen eines Zieles gemeint ist – gilt als wichtiger Gradmesser für Erfolg, Macht, Anerkennung und Selbstachtung. Umgekehrt ist Mißerfolg oder gar tatenloses Dahinleben ein Zeichen von Dummheit, Faulheit, Verantwortungslosigkeit oder Feigheit. Der Weg zum Erfolg ist aber beschwerlich, denn erstens müßte man sich an-

strengen und zweitens kann auch die beste Anstrengung schiefgehen. Statt sich nun banal auf
eine »Politik der kleinen Schritte« auf ein über-
dies vernünftiges, erreichbares Ziel hin festzule-
gen, empfiehlt es sich, das Ziel bewunderungs-
würdig hoch zu setzen.

Meinen Lesern sollten die Vorteile offensichtlich sein. Das faustische Streben, die Suche nach
der Blauen Blume, der asketische Verzicht auf die
niedrigeren Befriedigungen des Lebens stehen ge-
sellschaftlich hoch im Kurs und lassen Mutterher-
zen noch höher schlagen. Und vor allem: Wenn
das Ziel in weiter Ferne liegt, begreift auch der
Dümmste, daß der Weg dorthin lang und beschwerlich und die Reisevorbereitungen umfas-
send und zeitraubend sind. Da soll einen nur jemand dafür tadeln, noch nicht einmal aufgebro-
chen zu sein – und noch weniger droht einem Kri-
tik, wenn man, einmal unterwegs, vom Wege ab-
kommt und im Kreis marschiert oder längere
Marschpausen einlegt. Im Gegenteil, für das Ver-
irren im Labyrinth und das Scheitern an über-
menschlichen Aufgaben gibt es heroische Vorbil-
der, in deren Licht man dann selbst etwas mit-
glänzt.

Doch das ist keineswegs alles. Mit dem Ankommen auch am hehrsten Ziel ist eine weitere

Gefahr verbunden, die der gemeinsame Nenner der eingangs erwähnten Zitate ist, nämlich der Katzenjammer. Und um diese Gefahr weiß der Unglücksexperte; ob bewußt oder unbewußt spielt dabei keine Rolle. Das noch unerreichte Ziel ist – so scheint es der Schöpfer unserer Welt zu wollen – begehrenswerter, romantischer, verklärter als es das erreichte je sein kann. Machen wir uns doch nichts vor: Die Flitterwochen hören vorzeitig zu flittern auf; bei Ankunft in der fernen exotischen Stadt versucht uns der Taxichauffeur übers Ohr zu hauen; die erfolgreiche Ablegung der entscheidenden Prüfung bewirkt wenig mehr als das Hereinbrechen zusätzlicher, unerwarteter Komplikationen und Verantwortungen; und mit der Serenität des Lebensabends nach der Pensionierung ist es bekanntlich auch nicht so weit her.

Quatsch, werden die Heißblütigeren unter uns sagen, wer sich mit so milden, anämischen Idealen abgibt, verdient es, am Ende enttäuscht dazustehen. Aber gibt es vielleicht nicht den leidenschaftlichen Affekt, der in seiner Entladung sich selbst übersteigert? Oder den heiligen Zorn, der zum berauschenden Akt der Rache und Vergeltung für Unrecht führt, und der die Gerechtigkeit der Welt wieder ins Lot bringt? Wer könnte *da* noch vom »Katzenjammer« des Ankommens sprechen?

Leider, leider – auch damit scheinen die wenigsten anzukommen. Und wer das nicht glaubt, der lese, was ein Berufener wie George Orwell zum Thema »Rache ist sauer« [13] zu sagen hat. Es handelt sich um einige Überlegungen von so tiefer Anständigkeit und versöhnlicher Weisheit, daß sie eigentlich in einem Leitfaden zur Unglücklichkeit keinen Platz verdienen. Aber der Leser wird es mir hoffentlich verzeihen, wenn ich sie dennoch erwähne – eben weil sie so gut ins obige Thema passen.

Im Jahre 1945, in seiner Eigenschaft als Kriegsberichterstatter, besuchte Orwell unter anderem auch Lager für gefangene Kriegsverbrecher. Dabei wurde er Zeuge, wie ein junger Wiener Jude, der die Verhöre leitete, einem Häftling, der einen hohen Rang in der Politischen Abteilung der SS bekleidet hatte, einen fürchterlichen Tritt gegen dessen gequetschten und unförmig geschwollenen Fuß versetzte.

»Man konnte ziemlich sicher sein, daß er Konzentrationslager befehligt und Folterungen sowie Erhängungen angeordnet hatte. Kurz gesagt, er repräsentierte alles, wogegen wir in den vergangenen fünf Jahren gekämpft hatten...

Es ist absurd, einen deutschen oder österreichischen Juden dafür zu tadeln, daß er erlittenes Leid den Nazis heimzahlt. Der Himmel weiß, was für eine Rechnung dieser Mann hier zu begleichen haben mochte; höchstwahrscheinlich war seine ganze Familie ermordet worden; und letzten Endes ist selbst ein willkürlicher, harter Fußtritt für einen Gefangenen eine überaus geringe Sache, verglichen mit jenen Greueltaten, die das Hitlerregime begangen hatte. Doch diese Szene und vieles andere, was ich in Deutschland sah, haben mir eindringlich vor Augen geführt, daß die ganze Vorstellung von Vergeltung und Bestrafung eine kindische Traumvorstellung ist. Strenggenommen gibt es so etwas wie Vergeltung oder Rache gar nicht. Rache ist eine Handlung, die man begehen möchte, wenn und weil man machtlos ist: Sobald aber dieses Gefühl des Unvermögens beseitigt wird, schwindet auch der Wunsch nach Rache.

Wer wäre nicht 1940 bei dem Gedanken, SS-Offiziere mit Füßen getreten und erniedrigt zu sehen, vor Freude in die Luft gesprungen? Doch wenn dieses Handeln möglich wird, erscheint es einem nur noch pathetisch und widerlich.«

Und dann, im selben Essay, erzählt Orwell noch, wie er wenige Stunden nach der Einnahme Stuttgarts zusammen mit einem belgischen Korrespondenten in die Stadt hineinging. Der Belgier – wer kann ihm das verübeln? – hatte den Deutschen gegenüber eine noch schroffere Ablehnung als ein Engländer oder Amerikaner.

»... wir mußten über eine schmale Fußgängerbrücke gehen, die die Deutschen offensichtlich heftig verteidigt hatten. Ein gefallener Soldat lag ausgestreckt auf dem Rücken am Fuß der Brückenstufen. Sein Gesicht hatte eine wachsgelbe Farbe. ...

Der Belgier wendete sein Gesicht ab, als wir vorbeigingen. Wir waren schon fast über die Brücke, da gestand er mir, daß dies der erste Tote war, den er in seinem Leben gesehen hatte. Ich glaube, er war etwa fünfunddreißig Jahre alt und hatte vier Jahre lang Kriegspropaganda über das Radio gemacht.«

Dieses *eine* Erlebnis des »Ankommens« wird für den Belgier entscheidend. Seine Haltung den »Boches« gegenüber ändert sich von Grund auf:

»... Als er abreiste, gab er den Deutschen, bei denen wir einquartiert waren, den Rest des Kaffees, den wir mitgebracht hatten. Noch vor einer Woche wäre er wahrscheinlich schockiert gewesen bei dem Gedanken, einem »Boche« Kaffee zu schenken. Aber seine ganze gefühlsmäßige Einstellung, so erzählte er mir, hätte sich beim Anblick dieses »pauvre mort« am Fuße der Brücke gewandelt: Ihm sei plötzlich die Bedeutung des Krieges zum Bewußtsein gekommen. Doch wenn wir die Stadt nun zufällig über einen anderen Zugang betreten hätten, wäre ihm womöglich sogar dieses Erlebnis des Anblickes eines einzigen Toten von den – vielleicht – zwanzig Millionen erspart geblieben, die dieser Krieg zur Folge hatte.«

Doch zurück zum eigentlichen Thema. Wenn also nicht einmal Rache süß ist, wieviel weniger dann noch das Ankommen am vermeintlich glücklichen Ziel? Deshalb: Vor Ankommen wird gewarnt. (Und, nebenbei bemerkt, warum glauben Sie wohl, nannte Thomas More jene ferne Insel der Glücklichkeit *Utopia*, das heißt »Nirgendwo«?)

Wenn du mich wirklich liebtest, würdest du gern Knoblauch essen

L'enfer, c'est les autres (die Hölle, das sind die anderen) lautet der Schlußsatz von Sartres Theaterstück *Huis clos*. Wenn Sie, lieber Leser, den Eindruck haben, daß dieses Thema bisher auch nicht annähernd zur Sprache gekommen ist, daß wir uns bisher hauptsächlich mit Unglücklichkeit sozusagen in Eigenregie befaßten, haben Sie eigentlich recht. Es ist an der Zeit, uns der barocken Hölle menschlicher Beziehungen zuzuwenden.

Versuchen wir, an das Thema einigermaßen methodisch heranzugehen. Schon vor 70 Jahren verwies Bertrand Russell darauf, daß Aussagen über Dinge und Aussagen über Beziehungen streng zu trennen sind. »Dieser Apfel ist rot«, ist eine Aussage über eine Eigenschaft *dieses* Apfels. »Dieser Apfel ist größer als jener« ist eine Aussage, die sich auf die Beziehung *zwischen den beiden Äpfeln* bezieht und die daher nichts mit dem einen oder dem anderen Apfel allein zu tun hat. Die Eigenschaft des Größerseins ist keine Eigenschaft eines der beiden Äpfel, und es wäre glatter Unsinn, sie *einem* der beiden zuschreiben zu wollen.

Diese wichtige Unterscheidung wurde später vom Anthropologen und Kommunikationsforscher Gregory Bateson aufgegriffen und weiterentwickelt. Er stellte fest, daß in jeder Mitteilung immer beide Aussagen enthalten sind; oder in anderen Worten, daß jede Kommunikation eine Objekt- und eine Beziehungsebene hat. Damit hat er uns geholfen, besser zu verstehen, wie man mit einem Partner – irgendeinem Partner, aber je näher desto besser – rasch in Schwierigkeiten kommen kann. Nehmen wir an, eine Frau fragt ihren Mann: »Diese Suppe ist nach einem ganz neuen Rezept – schmeckt sie dir?« Wenn sie ihm schmeckt, kann er ohne weiteres »ja« sagen, und sie wird sich freuen. Schmeckt sie ihm aber nicht, und ist es ihm außerdem gleichgültig, sie zu enttäuschen, kann er ohne weiteres verneinen. Problematisch ist aber die (statistisch viel häufigere) Situation, daß er die Suppe scheußlich findet, seine Frau aber nicht kränken will. Auf der sogenannten Objektebene (also was den Gegenstand *Suppe* betrifft) müßte seine Antwort »nein« lauten. Auf der Beziehungsebene müßte er »ja« sagen, denn er will sie ja nicht verletzen. Was sagt er also? Seine Antwort kann nicht »ja« *und* »nein« sein, denn das Wort »jain« gibt es in der deutschen Sprache nur als Witz. Er wird also versuchen, sich irgendwie aus der Zwickmühle zu winden, indem er zum Beispiel sagt: »Schmeckt interessant«, in der Hoffnung, daß seine Frau ihn richtig versteht.* Die Chancen sind minimal. Da empfiehlt es sich schon eher, dem Beispiel eines

---

* Die Puristen unter den »Kommunikationstrainern«, die treuherzig annehmen, es gebe so etwas wie »richtige« Kommunikation, deren Grammatik man erlernen kann wie die einer Fremdsprache, haben dazu allerdings eine Antwort; etwa »Die Suppe schmeckt mir nicht, aber ich bin dir herzlich dankbar für die Mühe, die du dir damit gemacht hast«. Nur in den Büchern dieser Fachleute fällt ihm die Frau dann gerührt um den Hals.

mir bekannten Ehemannes zu folgen, dessen Frau ihm nach der Rückkehr aus den Flitterwochen beim ersten Frühstück im neuen Heim eine große Schachtel *Corn Flakes* auf den Tisch stellte, in der (auf der Beziehungsebene) wohlgemeinten, aber (auf der Objektebene) irrtümlichen Annahme, daß er sie gern äße. Er wollte sie nicht kränken und nahm sich vor, das Zeug halt in Gottes Namen zu schlucken, und sie dann, wenn die Schachtel leer war, zu bitten, keine neue zu kaufen. Als gutes Weib aber hatte sie aufgepaßt, und noch bevor die erste Schachtel ganz aufgebraucht war, stand bereits die zweite da. Heute, 16 Jahre später, hat er die Hoffnung aufgegeben, ihr schonend beizubringen, daß er *Corn Flakes* haßt. Ihre Reaktion könnte man sich ausmalen.

Übrigens ist die deutsche Umgangssprache wenigstens in dieser Hinsicht noch etwas klarer als zum Beispiel die englische oder italienische. *»Would you like to take me to my plane tomorrow morning?«* (wer fährt schon *gerne* um 6 Uhr morgens zum Flugplatz?) oder *»Ti dispiacerebbe far la cena stasera?«* (selbstverständlich habe ich keine große Begeisterung, wenn ich beim Nachhausekommen von der Arbeit auch noch kochen soll), sind klassische Beispiele. Jaja, ich weiß, die »richtige« Antwort müßte separat auf den beiden

Kommunikationsebenen gegeben werden, also zum Beispiel: »Nein, zum Flugplatz als solchem zieht mich aber auch gar nichts; doch den Gefallen, dich hinzubringen, tu ich dir gern.«

Die Bedeutung dieses Kommunikationsmusters für unser Thema dürften Sie nunmehr bereits ahnen. Denn selbst, wenn es der Partner fertigbringt, in der eben erwähnten Weise zu antworten (und wer drückt sich schon so gespreizt aus?), kann der andere die Situation zu einem Problem breittreten, indem er den Gefallen nur dann anzunehmen gewillt ist, wenn der Partner auch wirklich *gern* zum Flugplatz fährt. Und wie jener sich nun auch dreht und windet, den Fallstricken der Vermischung von Objekt- und Beziehungsebene wird er nicht entkommen. Am Ende dieser fruchtlosen Debatte werden beide wütend aufeinander sein. Sie sehen, das Rezept ist verhältnismäßig einfach, sobald man den wichtigen Unterschied zwischen diesen beiden Kommunikationsebenen erfaßt hat und daher imstande ist, sie nicht nur irrtümlich, sondern bewußt durcheinanderzubringen. Eines der erbaulichsten mir bekannten Beispiele ist die als Kapitelüberschrift erwähnte Konfusion zwischen Knoblauch und Liebe.

Der Grund, weshalb diese Konfusionen auch

dem Anfänger leichtfallen, hat mit der Schwierigkeit von Aussagen auf der Beziehungsebene zu tun. Über Gegenstände – Knoblauch inbegriffen – läßt sich ziemlich leicht sprechen – aber über die Liebe? Versuchen Sie es nur einmal ernsthaft. Noch sicherer, als die Erklärung eines Witzes dessen Humor abtötet, führt das Palavern über die scheinbar selbstverständlichsten Formen menschlicher Beziehungen fast garantiert in immer größere Probleme. Als beste Zeit für derartige »Aussprachen« empfiehlt sich der späte Abend. Um 3 Uhr morgens ist dann auch das zunächst einfachste Thema bis zur Unkenntlichkeit zerredet, und beide Partner sind am Ende ihrer Geduld. Schlafen können sie dann aber nicht.

Als weitere Verfeinerung dieser Technik bietet sich eine bestimmte Art von Fragen und eine besondere Kategorie von Forderungen an. Ein Paradebeispiel für erstere wäre: »Warum bist du zornig auf mich?« wenn, soweit es dem Befragten selbst bekannt ist, er weder auf den Fragesteller noch sonst zornig ist. Die Frage aber unterstellt, daß der Fragende besser als der Gefragte weiß, was in dessen Kopf vor sich geht, beziehungsweise daß die Antwort, »Aber ich bin ja gar nicht zornig auf dich«, einfach unwahr ist. Diese Technik ist auch unter der Bezeichnung *Gedankenle-*

sen oder *Hellsehen* bekannt und ist deshalb so wirksam, weil man um eine Stimmung und deren Auswirkungen bis zum Jüngsten Gericht streiten kann, und weil die Zuschreibung negativer Gefühle die meisten Menschen rasch in Weißglut bringt.

Der andere Trick besteht darin, dem Partner ebenso heftige wie nebelhafte Vorwürfe zu machen. Wenn er dann wissen will, was Sie eigentlich meinen, können Sie die Falle mit dem zusätzlichen Hinweis hermetisch schließen: »Wenn du nicht der Mensch wärest, der du bist, müßtest du mich nicht erst noch fragen. Der Umstand, daß du nicht einmal weißt, wovon ich spreche, zeigt klar, welch' Geistes Kind du bist.« Und à propos Geist: Im Umgang mit sogenannten Geisteskranken wird diese Methode seit längster Zeit mit großem Erfolg angewendet. In den seltenen Fällen nämlich, in denen der Betreffende es wagt, klipp und klar darüber Auskunft zu verlangen, worin in der Sicht der anderen seine Verrücktheit denn bestehe, läßt sich diese Frage als weiterer Beweis für seine Geistesgestörtheit hinstellen: »Wenn du nicht verrückt wärest, wüßtest du, was wir meinen.« Da staunt der Laie und der Fachmann wundert sich – denn hinter einer Antwort dieser Art steht Genialität: Der Versuch, Klarheit zu schaffen, wird flugs ins Gegenteil umgedeutet. Der andere gilt also für verrückt, solange er die Beziehungsdefinition »Wir sind normal, du bist verrückt« stillschweigend hinnimmt, und für verrückt, wenn er sie in Frage stellt. Nach diesem erfolglosen Exkurs in die menschliche Umwelt kann er entweder sich in hilfloser Wut die Haare ausraufen, oder in Schweigen zurückfallen. Aber auch damit beweist er nur zusätzlich, wie verrückt er ist, und wie recht die anderen immer schon hatten. Bereits Lewis Carroll hat diesen Mechanismus sehr schön in *Alice hinter den Spiegeln* beschrieben. Die Schwarze und die Weiße Königin beschuldigen Alice, etwas verneinen zu wollen, und schreiben dies ihrem Geisteszustand zu:

»Aber das sollte doch gar nicht bedeuten –«, fing Alice an; die Schwarze Königin jedoch fiel ihr ins Wort:

»Das ist ja gerade das Traurige! Es hätte eben bedeuten sollen! Wozu, glaubst du denn, soll ein Kind gut sein, wenn es nichts bedeutet? Sogar ein Witz bedeutet irgend etwas – und ein Kind wird doch wohl noch mehr sein als ein Witz, will ich hoffen. Das könntest du nicht bestreiten, selbst wenn du beide Hände dazu nähmst.«

»Zum Bestreiten nehme ich doch nicht die Hände«, wandte Alice ein.

»Das behauptet ja auch niemand«, sagte die Schwarze Königin; »ich sagte nur, du könntest nicht, wenn du sie nähmst.«

»Sie ist in einer Verfassung«, sagte die Weiße Königin, »in der sie gern irgend etwas bestreiten möchte – nur weiß sie nicht genau, was!«

»Ein schlimmer, bösartiger Charakter«, bemerkte die Schwarze Königin, und darauf folgte eine längere, unbehagliche Stille. [1]

In den Etablissements, die sich für die Behandlung solcher Zustände für kompetent halten, läßt sich diese Taktik mit Erfolg anwenden. Man stellt es dem sogenannten Patienten zum Beispiel frei, nach eigenem Ermessen zu entscheiden, ob er an den Gruppensitzungen teilnehmen will oder nicht. Lehnt er dankend ab, so wird er hilfreich-ernsthaft aufgefordert, seine Gründe anzugeben. Was er dann sagt, ist ziemlich gleichgültig, denn es ist auf jeden Fall eine Manifestation seines Widerstandes und daher krankhaft. Die einzige ihm offenstehende Alternative ist also die Teilnahme an der Gruppentherapie, doch darf er nicht anmerken lassen, daß ihm ja nichts anderes übrigbleibt, denn seine eigene Lage so zu sehen, bedeutete immer noch Widerstand und Einsichtslosigkeit. Er muß also »spontan« teilnehmen wollen, gibt aber gleichzeitig mit seiner Teilnahme zu, daß er krank ist und Therapie braucht. In großen Gesellschaftssystemen mit Irrenhauscharakter ist diese Methode unter dem respektlos-reaktionären Namen *Gehirnwäsche* bekannt. Doch diese Hinweise sprengen den bescheidenen Rahmen meines Leitfadens. Daher zurück zum Thema.

Ein wirksamer Störfaktor in Beziehungen besteht also darin, dem Partner nur zwei Möglichkeiten zur Wahl zu geben und, sobald er eine wählt, ihn zu beschuldigen, sich nicht für die andere entschieden zu haben. In der Kommunikationsforschung ist dieser Mechanismus unter dem Namen *Illusion der Alternativen* bekannt und sein einfaches Grundschema ist: Tut er *A,* hätte er *B* tun sollen, und tut er *B,* hätte er *A* tun sollen. Ein besonders klares Beispiel dafür findet sich in Dan Greenburgs bereits erwähnten Anweisungen an Jüdische Mütter [5, S. 16; zu diesem Begriff siehe auch die Fußnote auf S. 15]:

»Schenken Sie Ihrem Sohn Marvin zwei Sporthemden. Wenn er zum erstenmal eines der beiden anzieht, blicken Sie ihn traurig an und sagen Sie: ›Das andere gefällt dir nicht?‹«

Doch auch die meisten Jugendlichen sind naturbegabte Spezialisten auf diesem Gebiet, und bringen es ohne weiteres fertig, den Spieß umzudrehen. In der Grauzone zwischen Kindheit und Erwachsenenalter stehend, ist es ihnen ein Leichtes, von den Eltern jene Anerkennung und jene Freiheiten zu verlangen, die einem jungen Erwachsenen zustehen. Handelt es sich aber um die Pflichten eines Erwachsenen, können sie sich jederzeit hinter dem Hinweis verschanzen, dafür viel zu jung zu sein. Wenn Vater oder Mutter dann zähneknirschend wünschen, kinderlos geblieben zu sein, lassen sie sich mit Leichtigkeit als wahre Rabeneltern hinstellen. Irgendwie ist man an das herrliche Lied des Wiener Kabarettisten Gerhard Bronner vom halbstarken Motorradraser erinnert: »... I håb zwår ka Ahnung, wo i hinfåhr, aber dafür bin i gschwinder durt...«

Psychiater wie Psychologen sind noch um eine Erklärung verlegen, warum wir alle dazu neigen, dem Mechanismus der Illusion der Alternativen auf den Leim zu gehen, während wir meist keine Schwierigkeit haben, sowohl die eine wie auch die andere Alternative abzulehnen, wenn sie uns einzeln, also getrennt, offeriert werden. Diese Erfahrungstatsache muß man auszunützen lernen, wenn man sich der Komplizierung von Beziehungen widmen will. Hierzu einige einfache Übungen für den Anfänger:

1. Ersuchen Sie jemanden, Ihnen einen bestimmten Gefallen zu tun. Sobald er darangeht, bitten Sie ihn rasch um eine andere Verrichtung. Da er Ihnen die beiden Gefallen nur hintereinander und nicht gleichzeitig erweisen kann, haben Sie bereits gewonnen: Will er die erste, schon begonnene Verrichtung abschließen, können Sie sich beschweren, daß er Ihre zweite Bitte ignoriert, und umgekehrt. Wird er darob ärgerlich, können Sie gekränkt darauf verweisen, wie launenhaft er in letzter Zeit ist.

2. Sagen Sie oder tun Sie etwas, das man sowohl ernsthaft wie scherzhaft auffassen kann. Beschuldigen Sie dann Ihren Partner, je nach seiner Reaktion, eine ernsthafte Sache ins Lächerliche ziehen zu wollen, oder keinen Sinn für Humor zu haben.

3. Ersuchen Sie Ihren Partner, diese Seite zu lesen, und zwar mit der Behauptung, daß diese Zeilen genau seine Haltung Ihnen gegenüber beschreiben. Im etwas unwahrscheinlichen Falle, daß er Ihnen recht gibt, hat er ein für allemal seine Manipulationen der Beziehung zu Ihnen eingestanden. Falls er aber – was wesentlich wahrscheinlicher ist – Ihre Behauptung verwirft, ha-

ben Sie ebenfalls gewonnen. Sie können ihm nun
nämlich beweisen, daß er »es« (mit seiner Ablehnung) gerade wieder tat, indem Sie etwa sagen:
»Wenn ich deine Manipulationen schweigend
hinnehme, manipulierst du mich noch mehr;
wenn ich dich – wie eben – darauf aufmerksam
mache, manipulierst du mich, indem du behauptest, mich nicht zu manipulieren.«

Dies sind nur ein paar einfache Beispiele. Wirklich begabte Unglücksaspiranten können diese
Technik zu byzantinischen Verschachtelungen
vortreiben, so daß der Partner sich zum Schluß
ernsthaft fragt, ob er nicht wirklich verrückt ist.
Der Kopf wird ihm jedenfalls schwimmen. Mit
dieser Taktik ist nicht nur die eigene Rechtschaffenheit und Normalität bewiesen, sondern auch
für ein gerüttelt Maß von Elend gesorgt.

Nützlich ist auch die Forderung nach einer Stufenleiter von Versicherungen, von denen jede, sobald gegeben, auf der nächsthöheren Stufe sofort
in Frage gestellt wird. Meisterhafte Beispiele dafür finden sich in Laings bereits erwähntem Buch
Knoten [9]. Dabei spielt das Schlüsselwort *wirklich* eine entscheidende Rolle. Ebenfalls von ihm
stammt das Musterbeispiel:

»Do you love me?«
»Yes.«
»Really?«
»Yes, really!«
»But really really?«

Was darauf folgt, sind vermutlich Urwaldlaute. –
Und da wir gerade bei Laing sind, empfiehlt sich
die Erwähnung einer weiteren Taktik:

Glück und Glücklichkeit, das behauptete ich
schon in der Einleitung, sind schwer, wenn überhaupt *positiv* zu definieren. Dies aber hat noch
keinen Tugendbold daran gehindert, der Glücklichkeit *negative* Bedeutung zuzuschreiben. So
lautet das inoffizielle Motto des Puritanismus bekanntlich: »Du darfst tun, was du willst, solange
es dir keinen Spaß macht.« Ein wenig, aber nicht
grundsätzlich anders stellte es einer der Teilneh-
mer an der (ebenfalls in der Einleitung erwähnten) Glücksdebatte dar: »Ich glaube, es ist uner-
laubt, von Glück zu reden unter den gegenwärtigen Weltzuständen« [11, S. 12]. In welcher ge-
schichtlichen Epoche die gegenwärtigen Weltzustände nicht gegenwärtige Weltzustände waren
oder sein werden, verschweigt er uns allerdings.
Zugegeben, es fällt einem schwer, sich auch nur
an einem Glas frischen Wassers zu erfreuen, wäh-

rend zur selben Zeit zum Beispiel eine halbe Million unschuldiger Zivilisten in West-Beirut am Verdursten sind. Selbst aber wenn einmal auf der ganzen Welt Glücklichkeit ausgebrochen sein wird, würde ein tugendboldiger Pessimist noch lange nicht verzagen. Er kann sich dann immer noch an Laings Rezept halten, indem er dem unschuldig sich freuenden Partner vorhält: »Wie kann es dir nur Spaß machen, wo Christus für dich am Kreuze starb? Hat es Ihm etwa Spaß gemacht?« [9, S. 8]. Der Rest ist betretenes Schweigen.

»Sei spontan!«

Doch all die eben erwähnten Variationen zum Thema »Liebe und Knoblauch« sind im Grunde harmlose Geplänkel verglichen mit der Brisanz, die der so täuschend harmlosen Forderung nach spontanem Verhalten innewohnt. Von all den Knoten, Dilemmata und Fallen, die sich in die Struktur menschlicher Kommunikation einbauen lassen, ist die sogenannte »Sei spontan!«-Paradoxie sicherlich die weitestverbreitete. Und um eine wirkliche, stubenreine, allen formallogischen Anforderungen entsprechende Paradoxie handelt es sich hier.

In den kristallklaren Hallen des logischen Olymps sind Zwang und Spontaneität (also alles was frei und von außen unbeeinflußt aus dem eigenen Inneren kommt) unvereinbar. Auf Befehl etwas spontan zu tun, ist ebenso unmöglich, wie etwas vorsätzlich zu vergessen oder absichtlich tiefer zu schlafen. Entweder man handelt spontan, also aus freiem Ermessen; oder man befolgt eine Anweisung und handelt daher nicht spontan. Vom rein logischen Standpunkt kann man nicht das eine wie das andere gleichzeitig tun.

Was aber kümmert uns die Logik? Genauso, wie ich »Sei spontan!« hinschreiben kann, kann ich es auch sagen – Logik hin, Logik her; Papier und Schallwellen sind geduldig. Der Empfänger der Mitteilung vermutlich weniger. Denn was kann er jetzt tun?

Wenn Sie John Fowles' Roman *Der Sammler* kennen, wissen Sie ohnehin schon, worauf ich hinauswill. Der Sammler ist ein junger Mann, der sich zunächst auf Schmetterlinge beschränkt, deren Schönheit, auf Stecknadeln aufgespießt, er in aller Ruhe immer wieder bewundern kann. Wegfliegen können sie ja nicht. Sein Malheur beginnt erst, als er sich in die schöne Studentin Miranda verliebt und dieselbe Technik – ganz im Sinne des Rezepts »mehr desselben« (siehe S. 27 ff.) – auf sie anwendet. Da er selbst nicht besonders hübsch ist und auch sonst nicht besonders viel von sich selbst hält, nimmt er an, daß Miranda sich wahrscheinlich nicht spontan für ihn entscheiden wird. Also entführt er sie, und statt Stecknadeln verwendet er ein einsames Landhaus, in dem er sie gefangenhält. Im Rahmen dieses nackten Zwanges hofft und erwartet er nun, daß sie sich im Laufe ihrer (immer unerträglicheren) Gefangenschaft doch in ihn verlieben werde. Erst langsam enthüllt sich ihm die unerbittliche und ausweglose Tragik seiner »Sei spontan!«-Paradoxie, durch die er genau das unmöglich gemacht hat, was er erreichen wollte.

An den Haaren herbeigezogen? Zu »literarisch«? Bitte, hier ist eine viel alltäglichere Situation, deren Herstellung keinerlei besondere Abwegigkeit erfordert:

Es ist das abgedroschene Paradebeispiel der Mutter, die von ihrem Söhnchen verlangt, daß er seine Hausaufgaben mache – aber nicht bloß überhaupt, sondern *gerne*. Wie der Leser sieht, handelt es sich hier um die Umkehrung der schon erwähnten Definition des Puritanismus. Dort hieß es: Es ist deine Pflicht, keinen Spaß zu haben; hier dagegen: Deine Pflicht muß dir Spaß machen.

Also: Was kann man da tun? – fragte ich bereits, rein rhetorisch, denn es gibt keinen Ausweg. Was tut die Frau, deren Mann von ihr nicht nur fordert, sich ihm sexuell jederzeit hinzugeben, sondern es jedesmal auch voll zu genießen? Was tut man, wenn man in der Haut des eben erwähnten Jungen steckt, der seine Aufgaben *gerne* machen sollte? Man nimmt an, daß es entweder mit einem selbst oder mit der Welt nicht stimmt. Da man in der Auseinandersetzung mit »der Welt« aber meist den Kürzeren zieht, ist man praktisch gezwungen, die Schuld in sich selbst zu suchen. Das klingt noch nicht sehr überzeugend, nicht wahr? Keine Angst, Ihr Zweifel läßt sich mit Leichtigkeit zerstreuen.

Stellen Sie sich einfach vor, Sie werden in eine Familie hineingeboren, in der – aus welchen Gründen auch immer – Fröhlichkeit Pflicht ist. Genauer ausgedrückt, eine Familie, in der die Eltern dem Grundsatz huldigen, daß ein sonniges Gemüt des Kindes der offensichtlichste Beweis elterlichen Erfolges ist. Und nun seien Sie einmal schlechter Laune, oder übermüdet, oder haben Sie Angst vor dem Turnunterricht, dem Zahnarzt oder der Dunkelheit, oder keine Lust, Pfadfinder zu werden. So wie Ihre lieben Eltern das sehen, handelt es sich nicht einfach um eine vorübergehende Laune, Müdigkeit, die typische Angst eines Kindes oder dergleichen, sondern um eine wortlose, aber um so lautere Anklage der erzieherischen Unfähigkeit der Eltern. Und dagegen werden sie sich verteidigen, indem sie Ihnen aufzählen, was und wieviel sie für Sie getan haben, welche Opfer sie zu bringen hatten, und wie wenig Grund und Recht Sie daher haben, nicht fröhlich zu sein.

Nicht wenige Eltern bringen es dann zu meisterhaften Weiterentwicklungen, indem sie dem Kinde zum Beispiel sagen: »Geh auf dein Zimmer und komme mir nicht heraus, bis du wieder guter Laune bist.« Damit ist in überaus eleganter, da indirekter Weise klar ausgedrückt, daß das Kind es mit etwas gutem Willen und einer kleinen Anstrengung fertigbringen könnte, seine Gefühle von schlecht auf gut umzuprogrammieren und durch die Innervation der richtigen Gesichtsmuskeln jenes Lächeln zu erzeugen, das ihm die Aufenthaltsbewilligung als »guter« Mensch unter »guten« Menschen wiederverleiht.

Diese einfache Taktik, durch die (ähnlich wie Knoblauch und Liebe) Traurigkeit und morali-

sche Minderwertigkeit – vor allem Undankbarkeit – untrennbar miteinander verpantscht werden, ist von großer Bedeutung für unser Thema.
Sie ist hervorragend geeignet, im anderen tiefe
Schuldgefühle zu erzeugen, die dann ihrerseits zusätzlich zu Gefühlen erklärt werden können, die
er nicht haben würde, wenn er ein besserer
Mensch wäre. Und sollte er die Unverschämtheit
besitzen, zu fragen, wie man denn seiner Gefühle
in der geforderten Weise Herr werden könne, so
empfiehlt sich der schon erwähnte Hinweis, daß
ein guter Mensch das von sich aus weiß und nicht
erst fragen muß. (Bitte dabei Augenbrauen hoch-
ziehen und traurig dreinschauen.)

Wer diese Ausbildung erfolgreich bestanden
hat, kann dann dazu übergehen, Depression in Eigenregie zu erzeugen. Dagegen ist es verlorene
Liebesmühe, bei in dieser Hinsicht untrainierten
Menschen Schuldgefühle erwecken zu wollen.
Das sind nämlich jene Dickhäuter, die Gefühls-
verstimmungen zwar genauso kennen, wie die
Traurigkeitsexperten, die aber schon immer der
Ansicht sind, daß gelegentliche Traurigkeit ein
unvermeidbarer Teil des Alltagslebens ist; daß sie
kommt und geht, wer weiß, wieso; und daß sie,
wenn nicht heute abend, dann halt morgen früh
wieder vergangen sein wird. Nein, was die De-

pression von dieser Art der Traurigkeit unterscheidet, ist die Fähigkeit, das in der Kindheit Anerzogene später selbständig anzuwenden, indem man sich vorhält, weder Grund noch Recht zur Traurigkeit zu haben. Das garantierte Ergebnis ist die Vertiefung und Verlängerung der Depression. Und derselbe Erfolg winkt außerdem auch jenen Mitmenschen, die der Stimme des gesunden Menschenverstandes und den Eingebungen ihres Herzens folgend dem Betreffenden gut zureden, ihn aufmuntern und ein bißchen zum Sichzusammenreißen ermutigen. Damit nämlich hat das Opfer nicht nur seinen eigenen, entscheidenden Anteil zur Depression geleistet, sondern kann sich doppelt schuldig fühlen, weil es nicht an der rosig-optimistischen Weltschau der anderen teilnehmen kann und damit deren gute Absichten so bitter enttäuscht. Schon Hamlet war sich des peinvollen Unterschiedes zwischen dem Weltbild des Melancholikers und jenem seiner Umwelt voll bewußt, und verstand es zusätzlich glänzend, dies für seine Zwecke auszunützen:

»... Ich verlor seit kurzem all meine Heiterkeit, – warum, weiß ich nicht – gab alle gewohnten Übungen auf und, wahrhaftig, es steht so schlimm um meine Stimmung, daß dieser stattliche Bau, die Erde, mir vorkommt, als wär's ein wüstes Felsenriff. Dieser herrliche Baldachin, die Luft, seht Ihr, diese stolze Wölbung, dies majestätische Dach, ausgelegt mit goldenen Lichtern – ach, mir erscheint's als der trübe Dunsthauch verpesteten Auswurfs. Was für ein Meisterwerk ist der Mensch! wie edel an Vernunft, wie unbegrenzt in seinen Fähigkeiten; in Gestalt und Bewegung, wie bedeutsam und wunderbar; im Handeln wie ein Engel, im Verstehen wie ein Gott; die Zierde der Welt, das Ziel der Schöpfung! Und doch, was gilt sie mir, diese Quintessenz von Staub? Ich habe keine Freude an den Menschen –...« [21]

Ob man die »Sei glücklich!«-Paradoxie sich selbst vorschreibt oder von anderen auferlegt bekommt, spielt keine besondere Rolle. Und ferner ist zu bemerken, daß sie nur eine der vielen möglichen Variationen des Grundthemas »Sei spontan!« ist. Wie wir schon sahen, eignet sich praktisch jedes Spontanverhalten als Rohstoff für diese paradoxen Arabesken: Die Forderung nach spontanem Erinnern oder Vergessen; der Wunsch nach einem Geschenk und die Enttäuschung, wenn man es »nur« deswegen erhält, weil man diesen Wunsch äußerte; der Versuch, eine Erektion oder einen Orgasmus durch Willensanstrengung herbeizuführen, und der genau das unmöglich macht, worauf er abzielt; einzuschlafen, weil man unbedingt einschlafen will; oder die Unmöglichkeit, zu lieben, wo Liebe als Pflichtübung gefordert wird.

Wer mich liebt,
mit dem stimmt etwas
nicht

Und da wir gerade bei der Liebe sind, gleich noch ein wichtiger Hinweis. Schon Dostojewski machte darauf aufmerksam, daß das Bibelwort »Liebe deinen Nächsten wie dich selbst« wahrscheinlich andersrum zu verstehen ist – nämlich in dem Sinne, daß man den Nächsten nur dann lieben kann, wenn man sich *selbst* liebt.

Weniger elegant, dafür um so prägnanter, drückte Marx (Groucho, nicht Karl) dieselbe Idee

Jahrzehnte später aus: »Es würde mir nicht im Traum einfallen, einem Klub beizutreten, der bereit wäre, jemanden wie mich als Mitglied aufzunehmen.« Wenn Sie sich die Mühe nehmen, die Tiefe dieses Witzes zu ergründen, sind Sie bereits gut auf das nun Folgende vorbereitet.

Geliebt zu werden, ist auf jeden Fall mysteriös. Nachzufragen, um Klarheit zu schaffen, empfiehlt sich nicht. Bestenfalls kann es der andere Ihnen überhaupt nicht sagen; schlimmstenfalls stellt sich sein Grund als etwas heraus, das Sie selbst bisher nicht für Ihre charmanteste Eigenschaft hielten; zum Beispiel das Muttermal auf Ihrer linken Schulter. Schweigen ist da wieder einmal ganz eindeutig Gold.

Was wir daraus für unser Thema lernen können, zeichnet sich nun schon klarer ab. Nehmen Sie nicht einfach dankbar hin, was Ihnen das Leben durch Ihren (offensichtlich selbst liebenswerten) Partner bietet. Grübeln Sie. Fragen Sie sich, aber nicht ihn, warum. Denn er muß ja irgendeinen Hintergedanken haben. Und den enthüllt er Ihnen bestimmt nicht.

Menschliche Liebe ist nämlich eine Paradoxie, mit der sich schon wesentlich größere Geister als ich vergeblich herumgeschlagen haben, und auf der einige der berühmtesten Schöpfungen der

Weltliteratur beruhen. Nehmen wir den folgenden Satz aus einem Brief Rousseaus an Madame d'Houdetot: »Wenn Sie mein werden, so verliere ich, eben dadurch, daß ich Sie dann besitze, Sie, die ich ehre.« Zweimaliges Lesen hilft. Was Rousseau nämlich sagen zu wollen scheint, ist: Wer sich mir hingibt, ist *deshalb* nicht mehr geeignet, Inbegriff meiner Liebe zu sein. (Diese nur scheinbar exaltierte Auffassung ist gang und gäbe in einem wohlbekannten südlichen Lande, wo der von seiner Leidenschaft überzeugte Liebhaber die Angebetete bestürmt, ihm ihre Gunst zu schenken, und sie, sobald sie sich halt erobern läßt, verachtet – denn eine anständige Frau hätte »das« nie getan. Im selben Lande gilt auch der – offiziell natürlich nie zugegebene – Grundsatz: Alle Frauen sind Huren, außer meiner Mutter – die war eine Heilige. Klar – denn mit der Mutter ging »es« natürlich nicht.)

In seinem berühmten Werk *Das Sein und das Nichts* bezeichnet Jean Paul Sartre die Liebe als einen vergeblichen Versuch, eine Freiheit als Freiheit zu besitzen. Dazu führt er aus [19, S. 471]:

»Andererseits kann er [der Liebende] sich aber auch nicht mit jener erhabenen Form von Freiheit zufriedengeben, die eine ungezwungene und freiwillige Verpflichtung ist. Wer würde sich mit einer Liebe begnügen, die sich als reine, dem Vertrauen geschworene Treue darbietet? Wem wäre es recht, wenn er hören müßte: »Ich liebe dich, weil ich mich freiwillig verpflichtet habe, dich zu lieben, und weil ich mein Wort nicht brechen will; ich liebe dich aus Treue zu mir selbst.«? So verlangt der Liebende den Schwur und ist über den Schwur unglücklich. Er will von einer Freiheit geliebt werden und verlangt, daß diese Freiheit als solche nicht mehr frei sei.«

Mehr über diese merkwürdigen und unlösbaren Komplikationen der Liebe (und vieler anderer Formen scheinbar irrationalen Verhaltens) findet der interessierte Leser in dem Buch *Ulysses and the Sirens* [2] des norwegischen Philosophen Jon Elster. Doch für den Unglücklichkeitsbedarf des Anfängers mag das eben Gesagte ausreichen. Der Fortgeschrittene aber gibt sich damit nicht zufrieden. Aus diesen Zusammenhängen läßt sich nämlich weiteres Kapital schlagen, das allerdings nur den Groucho Marxens unter uns zugänglich ist. Es setzt eben voraus, daß man *sich selbst* für liebensunwürdig hält. Damit ist jeder, der einen liebt, prompt diskreditiert. Denn wer einen liebt, der keine Liebe verdient, mit dessen Innenleben stimmt etwas nicht. Ein Charakterdefekt wie Masochismus, eine neurotische Bindung an eine kastrierende Mutter, eine morbide Faszination durch das Minderwertige – von dieser Art sind die Gründe, die sich als Erklärung für die Liebe des oder der Betreffenden anbieten und sie unerträglich machen. (Zur Auswahl der befriedigendsten Diagnose ist eine gewisse Kenntnis der Psychologie oder wenigstens die Teilnahme an Selbsterfahrungsgruppen von großem Wert.)

Und damit ist nicht nur das geliebte Wesen, sondern auch der Liebende selbst *und* die Liebe als solche in ihrer Schäbigkeit enthüllt. Was kann man schon mehr wünschen? Besser als jeder andere mir bekannte Autor hat Laing dieses Dilemma in seinen *Knoten* dargestellt, und ich gebe seine Formulierung daher vollinhaltlich wieder [9, S. 24]:

»Ich achte mich selbst nicht
ich kann niemanden achten, der mich achtet.
Ich kann nur jemanden achten, der mich nicht achtet.

Ich achte Jack
weil er mich nicht achtet

Ich verachte Tom
weil er mich nicht verachtet

Nur eine verächtliche Person
kann jemanden so verächtlichen wie mich
achten

Ich kann niemanden lieben, den ich verachte

Da ich Jack liebe
kann ich nicht glauben, daß er mich liebt

Wie kann er es mir beweisen?«

Nur auf den ersten Blick erscheint das absurd,
denn die Komplikationen, die mit dieser Auffassung einhergehen, liegen doch so klar auf der
Hand. Dies dürfte aber noch niemanden abgehal-
ten haben, oder, wie Shakespeare es in einem seiner Sonnette sagt: »Dies weiß jedweder, doch
nicht wie man flieht, den Himmel, der zu dieser
Hölle zieht.« Praktisch verliebe man sich also in
hoffnungsloser Weise: In einen verheirateten
Partner, einen Priester, einen Filmstar oder eine
Opernsängerin. Auf diese Weise reist man hoffnungsfroh, ohne anzukommen, und zweitens
bleibt einem die Ernüchterung erspart, feststellen

zu müssen, daß der andere gegebenenfalls durchaus bereit ist, in eine Beziehung einzutreten – womit er sofort unattraktiv wird.

Edel sei der Mensch,
hilfreich und gut

Wer liebt, ist natürlich bereit, dem geliebten Wesen zu helfen. Für besonders edel und gut gilt es
aber, auch dort hilfreich zu sein, wo keine besonderen Liebesbande bestehen, also zum Beispiel
einem Fremden gegenüber. Selbstlose Hilfe ist ein
hohes Ideal und enthält angeblich ihre eigene Be-
lohnung.

Das braucht uns keineswegs abzuschrecken,
denn wie jede andere gute Tat kann auch Hilfsbe-

reitschaft von des Gedankens Blässe angekränkelt werden. Das sahen wir bereits beim Thema Liebe. Um Zweifel an der Selbstlosigkeit und Reinheit unserer Hilfsbereitschaft zu entwickeln, brauchen wir uns nur zu fragen, ob wir dabei nicht doch Hintergedanken haben. Tat ich es als Einzahlung auf mein himmlisches Sparkonto? Um zu imponieren? Bewundert zu werden? Um den anderen zur Dankbarkeit mir gegenüber zu zwingen? Ganz einfach, um meinen seelischen Katzenjammer zu kurieren? Sie sehen bereits, der Macht des negativen Denkens sind kaum Schranken gesetzt, denn wer sucht, der findet. Dem Reinen ist angeblich alles rein; der Pessimist dagegen entdeckt überall den Pferdefuß, die Achillesferse, oder was es dafür auf dem Gebiet der Podiatrie noch andere Metaphern gibt.

Wem dies Schwierigkeiten bereitet, der nehme sich nur die einschlägige Fachliteratur vor. Die wird ihm die Augen schon öffnen. Da findet er heraus, daß der brave Feuerwehrmann in Wirklichkeit ein verhinderter Pyromane ist; der heldenhafte Soldat lebt seine tief unbewußten selbstmörderischen Triebe, beziehungsweise seine mörderischen Instinkte aus; der Polizist gibt sich mit den Verbrechen anderer Menschen ab, um nicht selbst zum Verbrecher zu werden; der berühmte Detektiv hat eine nur mühsam überdeckte paranoide Grundeinstellung; jeder Chirurg ist ein verkappter Sadist; der Gynäkologe ein Voyeur; der Psychiater will Gott spielen. Voilà – so einfach ist's, die Fäulnis der Welt zu entlarven.

Aber auch der Helfer, dem diese Art des Entdeckens der »wahren« Beweggründe nicht liegt, kann Hilfe zu einer den Laien besonders verblüffenden Form der Hölle machen. Wir brauchen uns dazu nur eine Zweierbeziehung vorzustellen, die sich *hauptsächlich* auf der Hilfe des einen für den anderen Partner aufbaut. Es liegt in der Natur einer solchen Beziehung, daß sie nur zu einem von zwei möglichen Resultaten führen kann, und beide sind fatal: Entweder bleibt die Hilfe erfolglos oder sie ist erfolgreich (eine dritte Möglichkeit gibt es wieder einmal nicht). Im ersteren Falle wird auch der eingefleischteste Helfer endlich genug haben und sich tief enttäuscht und verbittert aus der Beziehung zurückziehen. Ist der Helfer aber erfolgreich, und bedarf der Geholfene daher der Hilfe nicht mehr, dann bricht die Beziehung gerade deswegen auseinander. Ihr Sinn und Zweck hat sich damit ja erschöpft.

Als literarische Beispiele fallen einem dazu die vielen Romane und Libretti besonders des 19. Jahrhunderts vom jungen Edelmann ein, der sich die Rettung und Seelenwäsche der dämonischen (in Wahrheit aber unschuldigen und liebenswerten) Prostituierten zum Lebensziel gemacht hat. Praktische Beispiele liefern uns die fast immer intelligenten, verantwortungsvollen, aufopfernden Frauen, mit ihrer fatalen Neigung, Trinker, Spieler oder Kriminelle durch die Macht ihrer Liebe in Tugendbolde zu verwandeln, und die bis zum bitteren Ende auf mehr desselben Verhaltens des Mannes mit mehr derselben Liebe und Hilfsbereitschaft reagieren. In bezug auf ihr Unglücklichkeitspotential sind diese Beziehungen fast perfekt, da die Partner in einer Weise zueinander passen und sich aufeinander einstellen, wie es in positiveren Beziehungen kaum möglich zu sein scheint. (Hierin irrte Rabbi Jochanan, als er sagte: »Ein passendes Ehepaar unter Menschen zusammenzubringen ist schwerer als das Wunder Mosi im Roten Meer.«) Um sich aufopfern zu können, braucht eine solche Frau einen problematischen und hinfälligen Menschen; im Leben eines einigermaßen selbständig funktionierenden Mannes sieht sie für ihre Hilfe – und daher für sich selbst – weder genügend Raum noch Notwendigkeit. Er andererseits braucht einen unverzagten Helfer, um weiterhin Schiffbruch erleiden zu können. Eine Partnerin, die dem Grundsatz huldigt, daß eine Hand die andere wäscht, dürfte aus dieser Beziehung sehr bald aussteigen. Das Rezept also: Man suche sich den Partner, der durch sein So-Sein das eigene So-Sein-Wollen ermöglicht und ratifiziert, doch hüte man sich auch hier vor dem Ankommen am Ziel.

In der Kommunikationstheorie heißt dieses Beziehungsmuster *Kollusion*. Gemeint ist damit ein subtiles Arrangement, ein *Quid pro quo,* eine Vereinbarung auf der Beziehungsebene (unter Umständen ganz unbewußt), wodurch man sich vom anderen als die Person bestätigen und ratifizieren läßt, als die man sich selbst sieht. Der Uneingeweihte könnte sich hier mit Recht fragen, weshalb man dazu eines Partners bedarf. Die Antwort ist einfach: Stellen Sie sich eine Mutter ohne Kind, einen Arzt ohne Kranken, einen Staatschef ohne Staat vor. Das wären nur Schemen, provisorische Menschen sozusagen. Erst durch den Partner, der die notwendige Rolle uns gegenüber spielt, werden wir »wirklich«; ohne ihn sind wir auf unsere Träume angewiesen, und die sind bekanntlich Schäume. Warum aber soll irgend jemand bereit sein, diese bestimmte Rolle für uns zu spielen? Dafür gibt es zwei Beweggründe:

1. Die Rolle, die er spielen *muß,* um mich »wirklich« zu machen, ist die Rolle, die er selbst

spielen *will,* um seine eigene »Wirklichkeit« herzustellen. Der erste Eindruck ist der eines perfekten Arrangements, nicht wahr? Bemerken Sie bitte aber, daß es, um weiterhin perfekt zu sein, sich absolut nicht ändern darf. Doch schon Ovid schrieb in seinen *Metamorphosen:* Nichts in der Welt hat Bestand und immer folgt Ebbe den Fluten. Auf die Kollusion angewendet heißt das, daß Kinder die fatale Neigung haben, aufzuwachsen; Patienten zu gesunden; und daß damit auf das Hochgefühl des »Stimmens« der Beziehung bald die Ebbe der Ernüchterung folgt, und mit ihr der verzweifelte Versuch, dem anderen das Ausbrechen unmöglich zu machen. Auch hierzu Sartre [19, S. 467]:

> »… Während ich versuche, mich vom Zugriff des anderen zu befreien, versucht der andere, sich von meinem zu befreien; während ich danach strebe, den anderen zu unterwerfen, strebt der andere danach, mich zu unterwerfen. Es handelt sich hier keineswegs um einseitige Verbindungen mit einem Objekt-an-sich, sondern um gegenseitige und störende Beziehungen.«

Da jede Kollusion notwendigerweise voraussetzt, daß der andere *von sich aus* genauso sein muß,

wie ich ihn *will,* mündet sie unweigerlich in eine
»Sei spontan!«-Paradoxie.

2. Diese Fatalität wird noch offensichtlicher,
wenn wir uns den anderen Grund besehen, der
einen Partner zum Spielen der für unser Gefühl
der »Wirklichkeit« notwendigen Rolle veranlas-
sen kann, nämlich eine der Mühe dieser Akroba-
tik angemessene Entschädigung. Als Beispiel dafür kommt einem sofort die Prostitution in den
Sinn. Der Kunde wünscht sich natürlich, daß die
Frau sich ihm nicht nur der Bezahlung wegen hin-
gebe, sondern auch, weil sie es »wirklich« will.
(Sie sehen, wie dieser wunderbare Begriff »wirklich« immer wieder hereinspielt.) Es hat den An-
schein, daß die begabte Courtisane es recht gut
fertigbringt, diese Illusion zu erwecken und zu er-
halten. Bei den weniger talentierten Praktikantin-
nen kommt es genau an diesem Punkte zur Ernüchterung des Klienten. Dieser Katzenjammer
ist jedoch keineswegs auf die Prostitution im en-
geren Sinne beschränkt; er hat die fatale Neigung,
überall dort aufzutreten, wo kollusive Elemente
in eine Beziehung hereinspielen. Ein Sadist – so
lautet das bekannte Bonmot – ist jemand, der lieb
zu einem Masochisten ist. Das Problem vieler homosexueller Beziehungen besteht darin, daß die
Betreffenden sich nach einer Beziehung mit einem

»wirklichen« Mann sehnen, leider aber feststellen müssen, daß der andere selbst »nur« ein Homosexueller ist.

In seinem Bühnenstück *Der Balkon* zeichnet Jean Genet [4] ein meisterhaftes Bild dieser kollusiven Welt. Madame Irma ist Leiterin eines Superbordells, in dem die Kunden – selbstverständlich gegen Bezahlung – die Verkörperung ihrer Komplementärrollen mieten können. An einer Stelle zählt Madame ihre Kunden auf: Zwei Könige von Frankreich, mit Krönungsfeierlichkeiten und verschiedenen Ritualen; ein Admiral auf der Brücke seines untergehenden Zerstörers; ein Bischof im Zustande fortwährender Anbetung; ein Richter, der richtet; ein General im Sattel; ein heiliger Sebastian; Christus in Person. (Und all dies, während in der Stadt die Revolution tobt und die nördlichen Stadtbezirke bereits gefallen sind.) Trotz guter Organisation seitens Madame Irmas kommt es aber immer wieder zu ernüchternden Pannen, weil sich auch beim besten Willen die Tatsache nicht vertuschen läßt, daß das Ganze ein bezahltes Spiel ist, und weil außerdem die gemieteten Partner ihre Rollen oft nicht ganz so spielen können oder wollen, wie der Kunde es sich zum Erleben der eigenen »Wirklichkeit« erträumt. So sagt zum Beispiel der »Richter« zur »Diebin«:

»Mein Richter-Sein ist eine Emanation deines Diebin-Seins. Du brauchtest dich nur zu weigern... aber ich rate es dir nicht!... dich zu weigern, die zu sein, die du bist – das, was du bist, daher wer du bist – und ich höre auf, zu sein... verschwinde, verdunste. Krepiere. Vernichtet. Verneint. ... Und dann? Und dann? Aber du wirst dich nicht weigern, nicht wahr? Du wirst dich nicht weigern, eine Diebin zu sein? Das wäre schlecht! Das wäre verbrecherisch! Du würdest mich meines Seins berauben! (Bettelnd.) Sag, meine Kleine, meine Liebe, du wirst dich nicht weigern?

Diebin (kokett): Wer weiß?

Richter: Was? Was sagst du? Du würdest dich weigern? ... Sag mir nochmals, was hast du gestohlen?

Diebin (trocken, sich aufrichtend): Nein.

Richter: Sag mir, wo? Sei nicht so grausam...

Diebin: Duzen Sie mich nicht, wenn ich bitten darf.

Richter: Mein Fräulein... meine Dame. Ich bitte Sie. (Wirft sich auf die Knie.) Sehen Sie, ich flehe Sie an? Sie werden mich doch nicht in dieser Stellung darauf warten lassen, ein Richter zu sein? Wenn es keinen Richter gibt, wo

kämen wir da schon hin, aber wenn es keine
Diebe gäbe?«

Das Stück endet mit einer Ansprache Madame
Irmas an das Publikum, am Abschluß ihres har-
ten Arbeitstages, oder genauer gesagt, ihrer har-
ten Arbeitsnacht: »Sie müssen nun heimgehen;
nach Hause, wo alles – dessen können Sie ganz
sicher sein – noch künstlicher ist als hier.« Und
als sie das letzte Licht löscht: »Bitte, die Ausgän-
ge sind rechts.« (Hinter der Bühne der Feuerstoß
eines Maschinengewehrs.)*

* Übersetzung der Genet-Texte von Paul Watzlawick

Diese verrückten Ausländer

Wie die meisten bitteren Wahrheiten dürfte Madame Irmas Schlußbemerkung ihr nicht viel Sympathie eintragen. Wir haben es nicht gerne, wenn uns jemand an die Verlogenheit unserer eigenen Welt erinnert. Unsere Welt *ist* die wahre Welt; verrückt, verlogen, illusorisch, verschroben sind die Welten der *anderen*. Und daraus läßt sich für unser Thema sehr viel Kapital schlagen.

Keine Angst, es liegt nicht in meiner Absicht

(und schon gar nicht meiner Zuständigkeit), mit weisen Worten an der Debatte darüber teilzunehmen, wie und warum es zu solchen Spannungen zwischen den Bürgern und den fremdländischen Minderheiten eines Landes kommt. Das Problem ist weltweit: Mexikaner, Vietnamesen oder Haitianer in den USA, Nordafrikaner in Frankreich, Inder in Afrika, die Italiener in der Schweiz, die Türken in der Bundesrepublik, von den Problemen der Palästinenser, Armenier, Drusen und Schiiten ganz zu schweigen – die Liste wäre endlos.

Nein, zur persönlichen Entrüstung über den Ausländer und zu seiner Ablehnung genügen rein persönliche Kontakte oder sogar ganz unmittelbare Beobachtungen; sei es im eigenen Lande, sei es im Ausland. Rülpsen nach der Mahlzeit galt einst als Kompliment für gutes Essen; heute nicht mehr, das hat sich inzwischen herumgesprochen. Weniger bekannt ist es vielleicht, daß gelegentliches Schmatzen und hörbares Einholen der Luft durch die Zähne bei den Japanern auch heute noch diese höfliche Bedeutung hat. Oder wissen Sie, daß Sie sich in Zentralamerika äußerst unbeliebt machen können, wenn Sie die Größe einer Person durch die dem Europäer selbstverständliche Geste (die waagerecht gehaltene Hand) andeuten? Nur die Höhe von Tieren darf dort so angezeigt werden.

Und da wir gerade bei Lateinamerika sind: Der *Latin Lover* als Prachtexemplar von Männlichkeit ist Ihnen sicher auch dann bekannt, wenn Sie selbst nicht dem anglo-amerikanischen Sprachraum angehören. Dort nämlich treibt er sein hauptsächliches Unwesen. Im Grunde ist er eine liebenswürdige, harmlose Erscheinung, und seine Rolle ist vollkommen auf die auch heute noch weitgehend sehr strikte Gesellschaftsordnung Lateinamerikas abgestimmt. Da dort nämlich in der sogenannten besseren Gesellschaft (wenigstens offiziell) irgendwelchen Eskapaden sehr enge Grenzen gesetzt sind, kann sich der *Latin Lover* jenes leidenschaftlich schmachtende Benehmen leisten, das die perfekte Entsprechung zum feurigen, sinnlichkeitstriefenden, aber zu keinerlei Konzessionen bereiten Verhalten der bildschönen *Latinas* bildet. Kein Wunder daher, wenn lateinamerikanische Volkslieder (allen voran die wahrhaft nostalgisch schönen *Boleros*) seit eh und je den Schmerz der unerfüllten, unerreichbaren Liebe, die unwiderrufliche Trennung kurz vor der Erfüllung oder die tränenerstickte Herrlichkeit der *última noche* (der ersten und unweigerlich letzten Nacht) in der romantischsten Weise verherrlichen. Nach Anhören einer genügend großen Zahl solcher Lieder fragt sich der Ausländer aber doch langsam, ob das alles sein soll. Die Antwort: Im Grunde ja.

Exportieren wir den *Latin Lover* nun aber nach den USA oder Skandinavien, so ist für Beziehungsprobleme reichlich gesorgt. Er wird die dortigen Schönen routinemäßig weiter beschmachten und bestürmen, jene aber haben ganz andere Spielregeln – nämlich viel freiere, und sie werden ihn daher ernst nehmen. Darauf aber ist er nicht vorbereitet, denn nach den Regeln *seiner* Kunst haben sie ihn ja abzuweisen oder auf die Hochzeitsnacht zu vertrösten. Die enttäuschenden Komplikationen für die erwartungsvollen Damen und für seine eigene Leistungsfähigkeit (die auf den Mythos der *última noche* eingestellt ist) kann man sich ausmalen. Wieder einmal sehen wir, wieviel besser es ist, hoffnungsfroh zu reisen, als anzukommen.

Ähnliche Probleme bedrängen die italienische Männerwelt, seit die Italienerinnen sich in den letzten Jahrzehnten merklich emanzipierten. Früher konnte der Italiener sich so feurig benehmen, wie er sich als Mann verpflichtet glaubte. Das Risiko war gering, denn sie wies ihn ja (meist) verläßlich ab. Eine der Grundregeln männlichen

Flirts lautete: Wenn ich mit einer Frau, irgendeiner Frau, mehr als fünf Minuten allein bin und sie nicht anfasse, glaubt sie, ich sei ein Homosexueller. Das Problem ist nur, daß die Damen der Sache gegenüber nun wesentlich aufgeschlossener sind, und wenn den einschlägigen psychiatrischen Statistiken zu trauen ist, ist die Zahl der wegen Impotenz behandelten Patienten in starkem Ansteigen. Sich routinemäßig männlich-leidenschaftlich zu *benehmen,* ist eben nur dann ungefährlich, solange der Partnerin zuzutrauen ist, daß sie die »richtige Komplementärhaltung einnimmt und einen mütterlich-gütig ablehnt.

Uns Europäern dagegen kann es in den USA leicht passieren, einem dem Irrtum des *Latin Lovers* diametral gegensätzlichen Trugschluß zu verfallen. Die Zeit, die man einem Unbekannten direkt in die Augen blicken darf, ist sehr kurz. Wird sie auch nur um eine Sekunde überschritten, so führt das in Europa und in den USA zu sehr verschiedenen Resultaten. Bei uns schöpft der andere meist Verdacht, bricht den Blickkontakt ab und wird sichtlich unnahbar. In Nordamerika dagegen lächelt er (und besonders sie). Das kann auch den Schüchternsten zur Annahme verleiten, diese Person bringe uns besondere Sympathie entgegen – sozusagen Liebe auf den ersten Blick –

und die Situation biete daher besondere Chancen. Sie bietet sie aber keineswegs; nur die Spielregeln sind anders.

Wozu dieser Eintopf pseudo-ethnologischer Raritäten? Nicht nur, um Ihnen mit meinem kosmopolitischen Wissen zu imponieren, sondern ganz einfach auch deswegen, weil man die eigene Auslandsreise (beziehungsweise den Inlandsaufenthalt des Ausländers) nach diesem Rezept höchst enttäuschend gestalten kann. Wiederum ist das Prinzip denkbar simpel: Man nehme, allen Gegenbeweisen zum Trotz, schlicht an, das eigene Benehmen sei unter allen Umständen selbstverständlich und normal. Damit »wird« alles andere Benehmen in derselben Situation verrückt oder zumindest dumm.

Das Leben als Spiel

Vom amerikanischen Psychologen Alan Watts stammt der Aphorismus, das Leben sei ein Spiel, dessen Spielregel Nr. 1 lautet: Das ist kein Spiel, das ist todernst. Und Laing hatte offensichtlich Ähnliches im Sinne, als er in seinen *Knoten* schrieb: »Sie spielen ein Spiel. Sie spielen damit, kein Spiel zu spielen. Zeige ich ihnen, daß sie spielen, dann breche ich die Regeln und sie werden mich bestrafen.« [9, S. 7]

An mehreren Stellen unseres Leitfadens war bereits davon die Rede, daß eine der Grundvoraussetzungen für erfolgreiche Unglücklichkeit darin besteht, daß man die rechte Hand nicht wissen läßt, was die linke tut. Auf diese Weise spielt man Watts' oder Laings Spiel mit sich selbst.

Das sind keine müßigen Phantasien. Seit langer Zeit beschäftigt sich sogar ein Zweig der höheren Mathematik, nämlich die Spieltheorie, mit diesen und ähnlichen Problemen. Aus diesem Gebiet wollen wir uns unsere letzte Inspiration holen. Wie man sich denken kann, hat der Begriff des Spiels für die Mathematiker keine kindlich-spielerische Bedeutung. Für sie handelt es sich vielmehr um einen begrifflichen Rahmen, in dem ganz bestimmte Regeln gelten, die ihrerseits das bestmögliche Spielverhalten bestimmen. Es versteht sich von selbst, daß man, je nach Verständnis und folgerichtiger Anwendung der Regeln, die eigenen Gewinnchancen optimalisieren kann.

Von grundsätzlicher Wichtigkeit – auch für unser Anliegen – ist dabei die Unterscheidung zwischen Nullsummen- und Nichtnullsummenspielen. Besehen wir uns zuerst die Klasse der Nullsummenspiele. Sie enthält all jene zahllosen Spiele, in denen der Verlust des einen Spielers den Gewinn des anderen darstellt. Gewinn und Verlust belaufen sich daher, zusammengezählt, immer auf Null. Jede einfache Wette beruht auf diesem Prinzip. (Daß es darüber hinaus viel kompliziertere Spiele dieser Art gibt, soll uns hier nicht beschäftigen.)

Nichtnullsummenspiele sind dagegen – wie schon der Name besagt – Spiele, in denen Gewinn und Verlust sich eben nicht ausgleichen. Das bedeutet, daß die Summe von Gewinn und Verlust über oder unter Null liegen kann; in anderen Worten: In einem solchen Spiel können *beide* (beziehungsweise, wenn mehr als zwei Spieler beteiligt sind, *alle*) Spieler gewinnen *oder* verlieren. Nur auf den ersten Blick scheint das unklar, aber dann kommen uns sofort Beispiele in den Sinn; etwa ein Streik. Da verlieren meist beide »Spieler«, die Betriebsführung *und* die Belegschaft. Denn obwohl im weiteren Verlauf sich aus der Kontroverse ein endgültiger Vorteil für die eine oder die andere Partei ergeben kann, muß es keineswegs zutreffen, daß Verlust und Gewinn gleich Null sind.

Stellen wir uns nun aber zusätzlich vor, daß die durch den Streik verursachten Produktionsausfälle einem Konkurrenzunternehmen insofern sehr zugute kommen, als jenes nun bedeutend mehr eigene Produkte verkaufen kann als zuvor.

Insofern haben wir es dann doch mit einer Art Nullsummenspiel zu tun, denn es könnte sich nun durchaus die Situation ergeben, daß die streikbedingten Verluste des ersten Unternehmens dem dadurch bewirkten Gewinn der zweiten Firma entsprechen. Diese Zeche aber bezahlen Management *und* Arbeiterschaft des ersten Unternehmens, da sie *beide* zu Verlierern wurden.

Bringen wir nun diese Problematik von den abstrakten Gefilden der Mathematik oder den kollektiven Scharmützeln zwischen Management und Gewerkschaften auf die Ebene menschlicher Beziehungen herunter. Ist eine Partnerbeziehung ein Nullsummen- oder ein Nichtnullsummenspiel? Um das zu beantworten, müssen wir uns fragen, ob es zutrifft, daß da die »Verluste« des einen Partners dem »Gewinn« des anderen entsprechen.

Und hier scheiden sich die Geister. Der Gewinn, zum Beispiel, der im eigenen Rechthaben und dem Nachweis des Irrtums (dem Verlust) des Partners liegt, läßt sich durchaus als Nullsummenspiel auffassen. Und viele Beziehungen sind es auch. Um sie dazu zu machen, genügt es, wenn einer der beiden eben das Leben als Nullsummenspiel sieht, das nur die Alternative zwischen Gewinn und Verlust offenläßt. Alles weitere ergibt sich zwanglos, auch wenn die Philosophie des anderen zunächst nicht dahingehend ausgerichtet war. Man spiele also Nullsumme auf der Beziehungsebene – und man kann sich darauf verlassen, daß die Dinge auf der Objektebene langsam aber sicher zum Teufel gehen. Was Nullsummenspieler nämlich leicht übersehen, verbissen, wie sie in die Idee des Gewinnens und gegenseitigen Übertrumpfens sind, ist der große Gegenspieler, der (nur scheinbar) lachende Dritte, das Leben, demgegenüber *beide* verlieren.

Warum fällt es uns bloß so schwer, einzusehen, daß das Leben ein Nichtnullsummenspiel ist? Daß man daher *gemeinsam* gewinnen kann, sobald man nicht mehr davon besessen ist, den Partner besiegen zu müssen, um nicht besiegt zu werden? Und – für den routinierten Nullsummenspieler ganz unfaßlich – daß man sogar mit dem großen Gegenspieler, dem Leben, in Harmonie leben kann?

Aber ich stelle schon wieder rhetorische Fragen, auf die schon Nietzsche eine Antwort zu geben versuchte, als er in *Jenseits von Gut und Böse* behauptete, Wahnsinn bei Individuen sei selten, aber in Gruppen, Nationen und Epochen sei er die Regel. Doch warum sollten wir gewöhnlichen Sterblichen weiser sein als die ungleich mächtigeren Nullsummenspieler, zum Beispiel die Politiker, Patrioten, Ideologen oder gar die Supermächte? Nur feste druff – viel Feind, viel Ehr', und wenn alles in Scherben fällt...

Epilog

Die grundlegende Regel, wonach das Spiel kein Spiel, sondern todernst ist, macht das Leben zu einem Spiel ohne Ende, das eben nur der Tod beendet. Und – als wäre das nicht schon paradox genug – hier liegt eine zweite Paradoxie: Die einzige Regel, die dieses todernste Spiel beenden könnte, ist nicht selbst eine seiner Regeln. Für sie gibt es verschiedene Namen, die an sich ein und dasselbe bedeuten: Fairneß, Vertrauen, Toleranz.

Wie man in den Wald ruft, so schallt es heraus. Das hat man uns schon gesagt, als wir noch Kinder waren. Und in unserem Kopf wissen wir es auch; aber glauben tun es nur einige wenige Glückliche. Glaubten wir es nämlich, dann wüßten wir, daß wir nicht nur die Schöpfer unseres eigenen Unglücklichseins sind, sondern genausogut unsere Glücklichkeit selbst schaffen könnten.

Mit Dostojewski begann diese Anleitung, mit ihm soll sie enden. In den *Dämonen* sagt eine der zwiespältigsten Persönlichkeiten, die Dostojewski je schuf: »Alles ist gut... Alles. Der Mensch ist unglücklich, weil er nicht weiß, daß er glücklich ist. Nur deshalb. Das ist alles, alles! Wer das erkennt, der wird gleich glücklich sein, sofort, im selben Augenblick...«

So hoffnungslos einfach ist die Lösung.

Literaturverzeichnis

1 Carroll, Lewis: *Alice im Wunderland* und *Alice hinter den Spiegeln,* übersetzt und herausgegeben von Christian Enzensberger. Insel, Frankfurt/M. 1963, S. 232 f.

2 Elster, Jon: *Ulysses and the Sirens: Studies in Rationality and Irrationality.* Cambridge University Press, Cambridge, und Editions de la Maison des Sciences de l'Homme, Paris 1979.

3 Fairlie, Henry: »My Favorite Sociologist«. *The New Republic,* 7.10.1978, S. 43.

4 Genet, Jean: *Der Balkon,* in: Jean Genet: *Alle Dramen.* Merlin, Hamburg/Gifkendorf 1980. (Die auf S. 113 f. verwendete Textfassung hat Paul Watzlawick erstellt.)

5 Greenburg, Dan: *How to be a Jewish Mother.* Price/Stern/Sloane, Los Angeles, 1964.

6 Greenburg, Dan: *How to Make Yourself Miserable.* Random House, New York 1966.

7 Gulotta, Guglielmo: *Commedie e drammi nel matrimonio.* Feltrinelli, Mailand 1976.

8 Kubie, Lawrence S.: »The Destructive Potential in Humor«. *Am. Journal of Psychiatry* 127:861–6, 1971.

9 Laing, Ronald D.: *Knoten.* Deutsch von Herbert Elbrecht, Rowohlt Taschenbuch, Reinbek b. Hamburg 1972.

10 Maryn, Mike, zitiert im *San Francisco Chronicle,* 28.7.1977, S. 1.

11 Mitscherlich, Alexander, und Gert Kalow: *Glück –*

Gerechtigkeit: Gespräche über zwei Hauptworte.
Piper, München 1976.

12 Morisette, Rodolphe und Luc: *Petit manuel de guéril-la matrimoniale: L'Art de réussir son divorce.* Ferron, Montreal 1973.

13 Orwell, George: *Rache ist sauer.* Ausgewählte Essays, Bd. 2. Deutsch von Felix Gasbarra. Diogenes, Zürich 1975.

14 Parkinson, Cyril N.: *Parkinsons Gesetz und andere Untersuchungen über die Verwaltung.* Deutsch von Richard Kaufmann. Econ, Düsseldorf 1958.

15 Parkinson, Cyril N.: *Mrs. Parkinsons Gesetz und andere Untersuchungen auf dem Gebiet der Hauswirt-schaft.* Deutsch von Ursula v. Zedlitz. Droemer Knaur, München/Zürich 1971.

16 Peter, Lawrence J.: *Das Peter-Prinzip oder die Hierar-chie der Unfähigen.* Deutsch von Michael Jungblut. Rowohlt, Reinbek b. Hamburg 1970.

17 Potter, Stephen: *The Complete Upmanship; Inclu-ding Gamesmanship, Lifemanship, One-Upmanship, Supermanship.* Holt, Rinehart & Winston, New York 1971.

18 Ross, Nancy Wilson (Hrsg.): »The Subjugation of a Ghost«, in *The World of Zen,* Random House, New York 1960.

19 Sartre, Jean Paul: *Das Sein und das Nichts.* Deutsch von Justus Streller. Rowohlt, Reinbek b. Hamburg 1952.

20 Selvini Palazzoli, Mara, et al.: *Der entzauberte Ma-gier.* Deutsch von Ulrike Stopfel. Klett-Cotta, Stutt-gart 1978.

21 Shakespeare, William: *Hamlet*. Deutsch von Richard Flatter. Walter Krieg, Wien 1954, S. 73.

22 Spaemann, Robert: »Philosophie als Lehre vom glücklichen Leben«. *Neue Zürcher Zeitung*, Nr. 260, 5./6.11.1977, S. 66.

23 Thayer, Lee: »The Functions of Incompetence«. In *Festschrift for Henry Margenau*, hrsg. von E. Laszlo und Emily B. Sellow. Gordon & Breach, New York 1975.

SERIE PIPER

Hans Ulrich Kötter

Handbuch der Unzufriedenheit
153 Seiten. SP 2928

Sie wollen leiden, denn Leiden ist für Sie Lustgewinn und Unzufriedenheit die Erfüllung des Lebens? Dann kennen Sie sicher Paul Watzlawicks »Anleitung zum Unglücklichsein«! Das »Handbuch der Unzufriedenheit« zeigt Ihnen nun alle Kniffe, Tricks und Techniken, mit denen Sie sich systematisch die Lust am Leben nehmen und es in der Unzufriedenheit zur Meisterschaft bringen können. So lernen Sie zum Beispiel, wie Sie erfolgreich jede Beziehung zerstören, daß Sie sich niemals in Frage stellen dürfen, sich zugleich aber zutiefst mißtrauen sollten und daß die als »selbstlose Liebe« getarnten Gefühle von Haß und Mißgunst zu den größten Vergnügungen gehören. Hans Ulrich Kötter, ein geradliniger Querdenker, genehmigt seinen Lesern, sich aus sicherer Distanz zu amüsieren – und verbietet es niemandem, sich wiederzuerkennen. Seine liebenswürdige Bosheit schärft den Blick, das eigene Handeln zu überdenken.

Paul Watzlawick

Die erfundene Wirklichkeit

Wie wissen wir, was wir zu wissen glauben? Beiträge zum Konstruktivismus. Herausgegeben von Paul Watzlawick. 326 Seiten mit 31 Abbildungen. SP 373

Münchhausens Zopf oder Psychotherapie und »Wirklichkeit«

Gesammelte Aufsätze und Vorträge. 260 Seiten mit 6 Abbildungen. SP 1237

Vom Unsinn des Sinns oder vom Sinn des Unsinns

Mit einem Vorwort von Hubert Christian Ehalt. 83 Seiten. SP 1824

»Wenn sich der brillante Philosoph und Psychoanalytiker Paul Watzlawick Gedanken über den Sinn und seine Täuschungen macht, ist Konzentration gefragt. Trotz aller Verwirrung und sprachmächtigen Wortspielereien behandelt er nämlich die zentrale Frage der menschlichen Existenz. Unbedingt ernstzunehmen.«

Forbes

Anleitung zum Unglücklichsein

132 Seiten. SP 2100

»Ein Lesevergnügen mit paradoxem Effekt. Das Nichtbefolgen der ›Anleitung zum Unglücklichsein‹ ist die Voraussetzung dafür, glücklich sein zu können.«

Brigitte

Vom Schlechten des Guten

oder Hekates Lösung. 124 Seiten. SP 1304

Paul Watzlawick / Franz Kreuzer

Die Unsicherheit unserer Wirklichkeit

Ein Gespräch über den Konstruktivismus. Mit einem Beitrag von Paul Watzlawick. 76 Seiten. SP 742

Paul Watzlawick / John H. Weakland (Hrsg.)

Interaktion

Menschliche Probleme und Familientherapie. Forschungen des Mental Research Institute 1965–1974. 526 Seiten mit 4 Abbildungen. SP 1222

Wie wirklich ist die Wirklichkeit?

Wahn, Täuschung, Verstehen. 252 Seiten mit 17 Abbildungen. SP 174

SERIE PIPER

SERIE
PIPER

Viktor E. Frankl

Der Mensch vor der Frage nach dem Sinn

Eine Auswahl aus dem Gesamtwerk. Mit einem Vorwort von Konrad Lorenz. 292 Seiten. SP 289

Dieser Band bietet einen Querschnitt durch das gesamte publizistische Schaffen des Autors auf dem Gebiet der Psychotherapie und ihrer anthropologischen Grundlagen.

Die Psychotherapie in der Praxis

307 Seiten. SP 475

»Die Stärke dieses Buches liegt in seiner Unvoreingenommenheit, Lebensnähe und seinem Einfallsreichtum.«

Zentralblatt für die gesamte Neurologie und Psychiatrie

Die Sinnfrage in der Psychotherapie

204 Seiten. SP 577

»Ich glaube, daß die Arbeiten von Frankl der wichtigste Beitrag zur Psychotherapie seit Freud sind.«

Prof. Dr. F. Hoff in der »Therapiewoche«

Der Wille zum Sinn

Ausgewählte Vorträge über Logotherapie. Mit einem Beitrag von Elisabeth Lukas. 335 Seiten mit 16 Abbildungen. SP 1238

Der Wiener Neurologe und Psychiater Viktor E. Frankl ist der Begründer der Logotherapie – der »dritten Wiener Richtung der Psychotherapie«, wie sie von manchen Autoren genannt wird. In diesem Buch wurden Vorträge Frankls versammelt, die seinen Weg markieren.

Viktor E. Frankl / Franz Kreuzer
Im Anfang war der Sinn

Von der Psychoanalyse zur Logotherapie. Ein Gespräch. 168 Seiten mit 4 Abbildungen. SP 520

Die autobiographische Mitteilung des Begründers der Logotherapie kennzeichnet einen Wissenschaftler und Therapeuten, dessen Hauptziel es immer war, den Menschen bei der Sinnfindung zu helfen. Frankl ist – trotz, ja wegen seiner Erfahrungen in den Konzentrationslagern des Dritten Reiches – davon überzeugt, daß es den Sinn des Lebens wirklich gibt.

Karl R. Popper

Auf der Suche nach einer besseren Welt

Vorträge und Aufsätze aus dreißig Jahren. 282 Seiten. SP 699

Karl Raimund Popper zählt zu den bedeutendsten Philosophen dieses Jahrhunderts. Sein »kritischer Rationalismus« und seine Konzeption der »offenen Gesellschaft« haben nachhaltigen Einfluß auf die Philosophie, die Wirtschafts- und Sozialwissenschaften und auf die Politik der westlichen Welt ausgeübt – sie tun dies bis heute. Der vorliegende Band – vom Autor selbst gestaltet – versammelt zentrale Vorträge und Aufsätze Poppers aus dreißig Jahren. Die Texte faszinieren durch ihre lebendige und klare Sprache. Sie konfrontieren den Leser mit Poppers großen Themen und mit der Vielfalt seines Denkens.

»Die Textsammlung ist selbst für versierte Popper-Kenner noch anregend und aufschlußreich.«
Das Parlament

»Wer Popper wenig oder nicht gelesen hat, wird hier einen vortrefflichen Überblick über sein Denken gewinnen.«
Die Presse

Alles Leben ist Problemlösen

Über Erkenntnis, Geschichte und Politik. 336 Seiten. SP 2300

Karl Popper hat an diesem Buch bis zu seinem Tod gearbeitet. In den sechzehn Texten kommen noch einmal die großen Themen zur Sprache, die sein Lebenswerk beherrscht haben: Fragen der Erkenntnis und der Beschränktheit der Wissenschaft, der Frieden, die Freiheit, die Verantwortung der Intellektuellen, die offene Gesellschaft und ihre Feinde.

»Karl Popper gehört ... zu den Söhnen der jüdischen Bürgerschicht von Wien, deren Gedanken die geistige Landschaft Europas in diesem Jahrhundert verändert und geprägt haben.«
Frankfurter Allgemeine

Karl R. Popper / Konrad Lorenz
Die Zukunft ist offen

Das Altenberger Gespräch. Mit den Texten des Wiener Popper-Symposiums. Herausgegeben von Franz Kreuzer. Mit Beiträgen von Roman Sexl, Rupert Riedl, Friedrich Wallner, Paul Weingartner, Irene Papadaki, Franz Seitelberger, Marianne Fillenz, Gerhard Vollmer, W. W. Bartley III, Gerard Radnitzky, Ivan Slade, Alexandre Petrovic, Peter Michael Lingens und Norbert Leser. 143 Seiten. SP 340

SERIE
PIPER

SERIE
PIPER

Konrad Lorenz

Der Abbau des Menschlichen
294 Seiten. SP 2029

Die acht Todsünden der zivilisierten Menschheit
112 Seiten. SP 50

In seiner Streitschrift setzt sich Konrad Lorenz mit Vorgängen der Dehumanisierung auseinander, die die Menschheit als Ganzes bedrohen: die Überbevölkerung, die Verwüstung des Lebensraums, der Wettlauf des Menschen mit sich selbst, der Wärmetod des Gefühls, der genetische Verfall, das Abreißen der Tradition, die Indoktrinierbarkeit und die Kernwaffen.

Denkwege
Ein Lesebuch. Herausgegeben von Beatrice Richter. 250 Seiten. SP 1660

Dieses Lesebuch bietet mit wichtigen Texten aus dem Gesamtwerk eine Einführung in Forschen und Denken des Verhaltensforschers und Nobelpreisträgers Konrad Lorenz.

Hier bin ich – wo bist du?
Ethologie der Graugans. 320 Seiten mit 140 teils farbigen Abbildungen. SP 1358

Über tierisches und menschliches Verhalten
Aus dem Werdegang der Verhaltenslehre. Gesammelte Abhandlungen Band I. 412 Seiten. SP 360

Über tierisches und menschliches Verhalten
Aus dem Werdegang der Verhaltenslehre. Gesammelte Abhandlungen Band II. 398 Seiten. SP 361

Die Rückseite des Spiegels
Versuch einer Naturgeschichte menschlichen Erkennens. 318 Seiten. SP 2482

Das Wirkungsgefüge der Natur und das Schicksal des Menschen
Gesammelte Arbeiten. Herausgegeben und eingeleitet von Irenäus Eibl-Eibesfeldt. 368 Seiten mit 23 Abbildungen. SP 309

Karl R. Popper / Konrad Lorenz
Die Zukunft ist offen
Das Altenberger Gespräch. Mit den Texten des Wiener Popper-Symposiums. Herausgegeben von Franz Kreuzer. 143 Seiten. SP 340

Irenäus Eibl-Eibesfeldt

Krieg und Frieden aus der Sicht der Verhaltensforschung

329 Seiten mit Abbildungen.
SP 329

»Ein immenses Material, das uns zum Nachdenken nicht anregt, sondern zwingt.«
Frankfurter Allgemeine Zeitung

Liebe und Haß

Zur Naturgeschichte elementarer Verhaltensweisen. 293 Seiten.
SP 113

»Ein lebendiges und instruktives Buch, strotzend von Material, das vielfach auf eigenen Forschungsreisen gewonnen wurde, überzeugend in seinen Analysen und Schlußfolgerungen.«
Frankfurter Allgemeine Zeitung

Der Mensch – das riskierte Wesen

Zur Naturgeschichte menschlicher Unvernunft. 272 Seiten mit 29 Abbildungen. SP 585

Haben wir noch eine Zukunft? Was hindert die Menschen daran, nach Einsicht vernünftig zu handeln? Solche Fragen stellen sich auch dem Biologen Irenäus Eibl-Eibesfeldt, der seit Jahrzehnten menschliches Verhalten erforscht. In seinem Buch zur Naturgeschichte menschlicher Unvernunft setzt er sich temperamentvoll mit solchen Fragen auseinander und gibt allgemeinverständliche Antworten aus der Sicht des Biologen und Humanethologen.

Wider die Mißtrauensgesellschaft

Streitschrift für eine bessere Zukunft. 255 Seiten. SP 2173

Ein Naturwissenschaftler, der den Mut hat, sich einzumischen, hat ein provozierendes Buch geschrieben.

»Jedenfalls ein intelligentes, ehrliches, mutiges und äußerst interessantes Buch, zudem sehr gut lesbar, das Zustimmung und Widerspruch hervorrufen wird.«
ekz-Informationsdienst

»So redlich wie mit Eibl-Eibesfeldt ist zur Zeit kaum mit jemandem zu diskutieren. Denn er will nicht Standpunkte polarisieren, sondern ›den Rahmen des Möglichen empirisch und rational‹ ausloten.«
Salzburger Nachrichten

Galápagos

Die Arche Noah im Pazifik. 507 Seiten mit 43 farbigen und 229 schwarzweißen Abbildungen sowie 52 Karten im Inselführer. SP 1232

SERIE
PIPER

SERIE PIPER

Walter Krämer, Götz Trenkler

Lexikon der populären Irrtümer

500 kapitale Mißverständnisse, Vorurteile und Denkfehler von Abendrot bis Zeppelin.
411 Seiten. SP 2446

Vorurteile und Irrtümer bestimmen unseren Blick auf die Welt im großen und ganzen, aber auch im kleinen und im besonderen. Die Autoren, renommierte Professoren, zeigen wissenschaftlich belegt und statistisch untermauert, von wie vielen und von welchen Irrtümern wir umgeben sind und wie es sich daneben mit der Wahrheit verhält.

Daß Spinat nicht gesünder ist als sonstige Gemüsesorten, Hamburg mehr Brücken als Venedig hat und Nero nicht grausamer war als andere römische Despoten, hat sich allenthalben herumgesprochen, doch immer noch kursieren Hunderte von weiteren Irrtümern und Mißverständnissen im sogenannten Allgemeinwissen. Die beiden Professoren Walter Krämer und Götz Trenkler rücken in ihrem Lexikon unser verschobenes Weltbild auf höchst amüsante Weise zurecht: So erfahren wir, daß die arabischen Ziffern gar nicht aus Arabien, sondern aus Indien stammen, der Vogel Strauß bei Gefahr gar nicht seinen Kopf in den Sand steckt, heißes Wasser einen Brand schneller löscht als kaltes und Raucher die Gesundheitskasse nicht mehr, sondern weniger belasten, weil sie früher sterben.

»Für den Rezensenten war das Lexikon der populären Irrtümer das erste Lexikon, das er von A bis Z gelesen hat – und das mit dem größten Vergnügen.«
Die Zeit

Walter Krämer

Denkste!

Trugschlüsse aus der Welt des Zufalls und der Zahlen.
188 Seiten. SP 2443

Walter Krämer, Michael Schmidt

Lexikon der populären Listen

Gott und die Welt in Daten, Fakten, Zahlen.
416 Seiten. SP 2591

P. J. O'Rourke

Alle Sorgen dieser Welt

Sprengstoff für die Diskussion um Übervölkerung, Hunger, Rassenhaß, Seuchen und Armut. Aus dem Amerikanischen von Hans-Joachim Maass. 356 Seiten. SP 2243

Das Leben ist süß und angenehm – nie zuvor in der Geschichte ging es uns so gut: Wir haben genug zu essen, in einer Vielfalt, von der unsere Vorfahren nicht einmal träumen konnten. Unsere Kleidung ist bequemer, unsere Wohnungen sind wärmer. Die Medizin schützt uns vor Krankheiten, an denen früher die Menschen wie die Fliegen gestorben sind. Wir können reisen, uns informieren, kommunizieren, uns stehen Bildungsmöglichkeiten zur Verfügung wie nie zuvor. Und schließlich haben die großen politischen Gefahren dieses Jahrhunderts nachgelassen: die Atombombe, der Faschismus, der Kommunismus. Trotzdem: Trübsinn hüllt die Erde ein. Aus jeder Ecke des Globus hören wir Jammern und Wehklagen.

Steffen Herbold

Poesie für Manager

127 Seiten. SP 2493

Standort Deutschland – auch für Dichter und Denker! Heute wird viel unternommen in den Unternehmen, um Arbeit mit Sinn zu versehen, auf daß die »Ressource Mensch« tüchtig bleibe und uns allen die wirtschaftliche Wettbewerbsfähigkeit erhalte. Was das mit Poesie zu tun hat? Eigentlich nichts – und doch sehr viel, denn Poesie hat mit Kreativität zu tun und Kreativität mit Produktivität und das Ganze mit Wirtschaft. Steffen Herbold lädt ein zu einer kurzen, aber erlebnisreichen Reise durch die Poesie. Reiseteilnehmer sind jene, die im schnöden Geschäftsalltag die Kraft von Visionen, die Liebe zu den Dingen und den Zauber der Sprache vermissen. Ein Reiseführer zum Lesen, Genießen und Mitmachen. Der Blick über den Tellerrand der Ökonomie in die Kochtöpfe der Poesie tut gut.

SERIE
PIPER

SERIE

PIPER

Heiner Keupp (Hrsg.)

Der Mensch als soziales Wesen

Sozialpsychologisches Denken im 20. Jahrhundert. Ein Lesebuch. 378 Seiten. SP 1975

Wie sehr Menschen soziale Wesen sind, wird ihnen erst bewußt, wenn sich ihr vertrauter gesellschaftlicher Rahmen verändert. Sie fühlen sich dann zunehmend »unbehaust« und suchen nach ihren Fundamenten, nach Heimat, Gemeinschaft, Identität. Gegenwärtig leben wir in einer solchen Situation. Die Auseinandersetzung mit der Frage, was eigentlich den Menschen zum »sozialen Wesen« macht, bekommt in der Krise aktuellen Sinn. Ist der Mensch von seiner Triebausstattung her dazu verurteilt, des Menschen Wolf zu sein? Kann er überhaupt die ihm spezifische Chance zu Freiheit und Selbstbestimmung wahrnehmen? Zu diesen Grundfragen der Sozialpsychologie versammelt dieses Lesebuch zentrale Texte des 20. Jahrhunderts.

Michael Murphy

Golf und Psyche

Der kleine weiße Ball und die Intuition des Spiels. Aus dem Amerikanischen von Michael Windgassen. 247 Seiten. SP 2761

Golf ist keineswegs nur die Fertigkeit, einen kleinen weißen Ball in einem Loch zu plazieren – Golf ist auch die Möglichkeit, ins Nirwana einzugehen. Wie Golf zur Seelenübung und Kraftquelle werden, auch zur mystischen Erfahrung und zur Ekstase führen kann, das erzählt dieses kurzweilige, anekdotenreiche Buch des Psychologen Michael Murphy, das bei amerikanischen Golfern schon vor Jahren zum Kultbuch avanciert ist, zu einer Art »Zen oder Die Kunst, einen Golfball zu schlagen«. John Updike urteilte im »New Yorker« darüber: »Golf ist die mystischste aller Sportarten, die am wenigsten erdgebundene, es ist die Sportart, die die Mauern zwischen uns und dem Übernatürlichen am durchlässigsten macht. Murphys Buch steckt voller Witz und Weisheit.«

Veröffentlichungen der Carl Friedrich von Siemens Stiftung

Die Herausforderung der Evolutionsbiologie

Herausgegeben von Heinrich Meier. Mit Beiträgen von R. D. Alexander, N. Bischof, R. Dawkins, H. Kummer, R. D. Masters, E. Mayr, I. Prigogine und C. Vogel. 294 Seiten mit 28 Abbildungen. SP 997.

Die Zeit

Dauer und Augenblick. Mit Beiträgen von J. Aschoff, J. Assmann, J. P. Blaser, H. Cancik, G. Colpe, M. Eigen, D. Epstein, O. J. Grüsser, P. Häberle, H. Heimann, E. Lüscher, E. Pöppel, F. Seibt, J. A. Wheeler. 411 Seiten mit 51 Abbildungen SP 1024.

»Die Zeit« als Dimension und die Frage »Was ist Zeit?« waren Thema der Vortragsreihe der Münchner Friedrich von Siemens Stiftung.

Zur Diagnose der Moderne

Herausgegeben von Heinrich Meier. Mit Beiträgen von Daniel Bell, Joseph Cropsey, Hans-Martin Gauger, Agnes Heller, Jean-François Lyotard, Kenneth Minogue und Winfried Schulze. 251 Seiten. SP 1143.

Die Welt der Stadt

Herausgegeben von Tilo Schabert. Mit Beiträgen von Manuel Castells, Nathan Glazer, Peter Hall, Wolfgang J. Mommsen, Karl Riha, Joseph Rykwert, Tilo Schabert und Mattias Schreiber. 259 Seiten mit 24 Abbildungen. SP 1317.

Der Mensch und sein Gehirn

Die Folgen der Evolution. Herausgegeben von Heinrich Meier und Detlev Ploog. Mit Beiträgen von Gerald M. Edelman und Giulio Tononi, Angela D. Friederici, Martin Heisenberg, Leslie L. Iversen, Richard E. Leakey, Ernst Pöppel, John R. Searle, Wolf Singer. 259 Seiten mit 19 Abbildungen. SP 2457

Einführung in den Konstruktivismus

Mit Beiträgen von Heinz von Foerster, Ernst von Glasersfeld, Peter M. Hejl, Siegfried J. Schmidt und Paul Watzlawick. 187 Seiten mit 15 Abbildungen. SP 1165.

Vom Urknall zum komplexen Universum

Die Kosmologie der Gegenwart. Herausgegeben von Gerhard Börner, Jürgen Ehlers und Heinrich Meier. Mit Beiträgen von Immo Appenzeller, Gerhard Börner, Jürgen Ehlers, Sir Fred Hoyle, Sir Martin Rees, Herwig Schopper, Engelbert L. Schücking und Dennis W. Sciama. 222 Seiten mit 26 Abbildungen. SP 1850.

SERIE PIPER